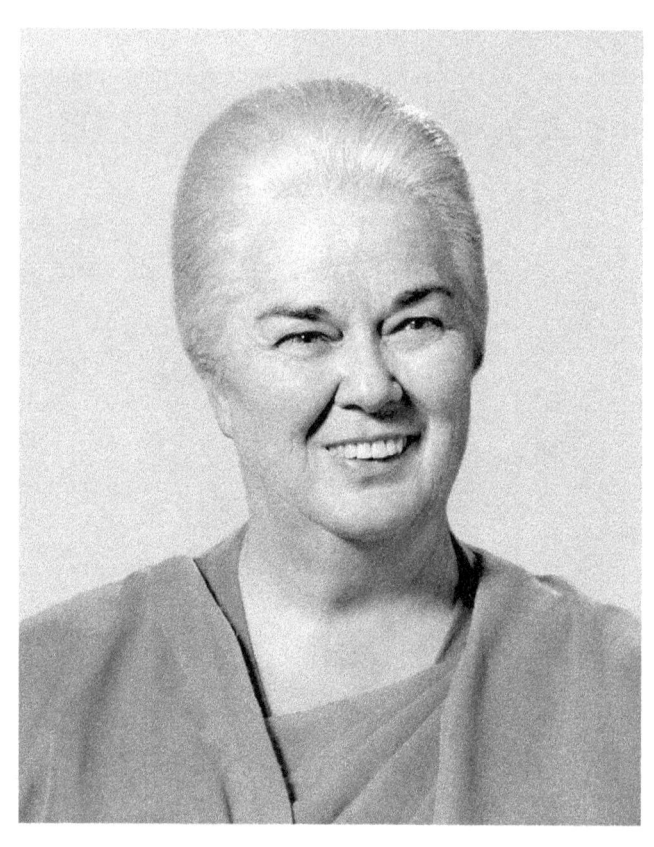

SRI MRINALINI MATA
(1931 – 2017)

Sri Mrinalini Mata

MANIFESTER
LA CONSCIENCE
DIVINE
———— AU ————
QUOTIDIEN

Self-Realization Fellowship
FOUNDED 1920 BY PARAMAHANSA YOGANANDA

QUELQUES MOTS SUR CE LIVRE : Les conférences réunies dans *Manifester la conscience divine au quotidien* furent publiées à l'origine par la Self-Realization Fellowship dans sa revue trimestrielle, *Self-Realization*, fondée en 1925 par Paramahansa Yogananda.

Titre original de l'ouvrage en anglais publié par la
Self-Realization Fellowship,
Los Angeles, Californie, U.S.A. :

Manifesting Divine Consciousness in Daily Life

ISBN : 978-0-87612-352-2

Traduit en français par la Self-Realization Fellowship

Copyright © 2022 Self-Realization Fellowship

Tous droits réservés. À l'exception de brèves citations dans des revues littéraires, aucun passage de l'ouvrage *Manifester la conscience divine au quotidien (Manifesting Divine Consciousness in Daily Life)* ne peut être reproduit, archivé, transmis ou affiché sous quelque forme ni par quelque procédé que ce soit (électronique, mécanique ou autre) connu ou à venir (y compris la photocopie, l'enregistrement et tout système d'archivage et de consultation de l'information) sans l'autorisation écrite préalable de la Self-Realization Fellowship, 3880 San Rafael Avenue, Los Angeles, CA 90065-3219, U.S.A.

 Édition autorisée par le Conseil des Publications internationales de la Self-Realization Fellowship

Le nom « Self-Realization Fellowship » et l'emblème ci-dessus apparaissent sur tous les livres, enregistrements et autres publications de la SRF, garantissant aux lecteurs qu'une œuvre provient bien de l'organisation à but non lucratif établie par Paramahansa Yogananda et rend fidèlement ses enseignements.

Première édition en français, 2022
First edition in French, 2022
Impression 2022
This printing 2022

ISBN : 978-0-87612-999-9

1136-J07367

Manifester la conscience divine au quotidien

PREMIÈRE PARTIE

Leçons pratiques pour manifester la conscience divine au quotidien

Condensé d'une conférence donnée par Mrinalini Mata à Auckland durant sa visite de centres SRF en Australie et en Nouvelle-Zélande.

C'est un véritable privilège d'être ici dans votre beau pays et de venir vous saluer à l'autre bout du monde, vous, chers disciples de notre Gurudeva Paramahansa Yogananda. Peu importe le lieu ou la nationalité, chaque personne qui suit ces enseignements fait partie de la même fraternité d'âmes à la recherche de Dieu. Notre Guru nous disait souvent : « Vous, tous les disciples, êtes comme ma propre famille. Et même après que je serai parti, de très nombreux disciples viendront encore des régions les plus reculées du monde. Je les connais, et ils seront incités par Dieu à Le chercher. Ils ressentiront un grand éveil spirituel et un profond amour divin qui les conduiront sur ce chemin pour atteindre cette réalisation. » L'unique souhait de mon cœur, ma plus chère prière, est d'insuffler en vous – et de laisser dans vos cœurs, esprits et âmes – un plus grand désir de Dieu et une conscience plus profonde de la réalité de Sa présence, de la proximité de cet Être infini pour chacun d'entre nous.

Ceux parmi nous qui eurent la bénédiction de côtoyer Paramahansa Yogananda trouvèrent en lui l'incarnation vivante de tous les idéaux spirituels, de tous les objectifs spirituels, que nos cœurs avaient à jamais désiré atteindre – tout ce que nous avions pu imaginer sur l'Infini

Manifester la conscience divine au quotidien

dans nos pensées les plus profondes. Durant les années où nous avons reçu ses conseils et sa formation spirituels dans l'ashram, nous avons compris ce que cela signifiait réellement de chercher Dieu et de Le connaître. Je suis sûre que la plupart d'entre nous ont alors vu leurs idées préconçues à propos de la vie spirituelle changer avec les années. Nous avons compris que la recherche de Dieu ne signifiait pas pour autant un rejet de la vie. C'est plutôt, et cela a toujours été, la plus pragmatique des entreprises humaines. Le fidèle qui se rapproche de plus en plus de Dieu ne devient pas un être étrange ou reclus. Au contraire, lorsque quelqu'un commence à sentir l'unité de son âme avec Dieu, cet homme ou cette femme devient l'être humain le plus équilibré qui soit.

Cela ne signifie pas non plus faire l'expérience de prodiges ou accumuler des pouvoirs

Manifester la conscience divine au quotidien

miraculeux. Lorsque les gens envisagent de chercher Dieu ou de suivre un guru, c'est souvent dans l'espoir d'être témoins d'évènements exceptionnels ou de voir se manifester des prodiges. La plupart des êtres humains vivent uniquement à la surface de la vie. Ils se concentrent sur l'existence matérielle et c'est la seule chose à laquelle ils sont capables de penser. Le désir de posséder des objets matériels et leur attachement à ceux-ci prédominent en eux : « Je dois avoir ceci et cela afin de vivre, de survivre, d'élever ma famille. » Et quand il s'agit de chercher Dieu, leur attitude a tendance à être la suivante : « Seigneur, maintenant que je Te cherche, fais en sorte que ma vie soit remplie de miracles, que tous mes soucis s'évanouissent et que tous mes chagrins disparaissent. Quand je Te prie, Seigneur, donne-moi une réponse immédiate et guéris ce corps des maladies et des souffrances inhérentes à la vie. Lorsque je viens vers un guru, un maître spirituel, je veux le voir accomplir les miracles dont j'ai lu le récit dans la Bible et les Écritures. »

Lorsqu'à la demande de Dieu, le guru et les *paramgurus* de notre Maître[1] l'envoyèrent pour la première fois en Occident pour y délivrer les enseignements du Yoga, notre Maître avait l'habitude de faire en public des démonstrations du pouvoir de Dieu, du potentiel infini de l'esprit et de la volonté, de la même façon que le Christ le faisait en son temps. Mais il nous dit

---

[1] « Maître » est un titre de respect qui était souvent utilisé par les disciples lorsqu'ils se référaient à Paramahansa Yogananda – c'est-à-dire celui qui a atteint la maîtrise de soi. Ce terme sert d'équivalent en français au mot « Guru », le terme sanskrit habituel pour désigner son propre précepteur spirituel.

Un *paramguru* est le guru de son propre guru. Ici, le terme *paramgurus* désigne la lignée des gurus de la SRF – Sri Yukteswar, Lahiri Mahasaya et Mahavatar Babaji – dont les vies christiques sont décrites dans *Autobiographie d'un yogi* de Paramahansa Yogananda.

plus tard : « Les gens demandaient à obtenir la guérison de leur corps ou me demandaient de prier pour la réussite dans leur travail. Mais lorsque leurs corps étaient guéris ou qu'ils avaient vu leur travail s'améliorer, ils oubliaient complètement Dieu. Ils restaient à la surface, sans jamais chercher quelque chose de plus profond. » Ainsi, par la suite, il cessa de faire de telles démonstrations. Il voulait se concentrer sur le véritable idéal de sa mission, c'est-à-dire éveiller en tout cœur réceptif un amour et un désir sincères pour Dieu afin que Dieu devienne la principale Réalité dans la vie de chacun.

Souvent quand les disciples demandent : « Racontez-nous des anecdotes à propos du Maître », ils espèrent entendre le récit de guérisons et de pouvoirs miraculeux. Le Maître possédait effectivement ces pouvoirs ; je l'ai vu en faire la démonstration plus d'une fois. Mais j'en vins à comprendre ceci : le pouvoir de ce Guru était bien plus profond, bien plus grand que toute démonstration de prodiges. Il avait le pouvoir d'élever et de transformer de manière permanente la vie des êtres humains.

Pensez à toutes ces centaines, peut-être ces milliers de personnes qui, au temps de Jésus-Christ, virent les pouvoirs miraculeux de Dieu manifestés par Jésus. Parmi ces milliers, combien étaient avec le Christ au pied de la Croix ? Combien furent changés, furent réellement transformés en esprit – de sorte qu'au moment des souffrances endurées par le Christ, ils pouvaient se tenir au pied de la Croix avec celui dont l'amour pour Dieu était si grand qu'il pouvait supporter toutes les épreuves, toutes les souffrances de la trahison et de la crucifixion ? Ils n'étaient que quelques-uns.

La plupart des gens se détournent du chemin spirituel lorsqu'on leur demande de réellement fournir les efforts nécessaires pour connaître, trouver et établir Dieu dans leur vie.

Le plus grand miracle que tout maître ou prophète peut accomplir est de prendre un être humain, empêtré dans les filets de l'illusion créée par *maya*, dans les désirs centrés sur son petit moi, dans les attachements et le chaos de ce monde, et d'insuffler en son âme un amour pour Dieu qui donnera un vrai sens, un noble objectif et un but divin à sa vie.

LA VÉRITABLE SIGNIFICATION DE LA RELIGION

Si vous aviez pu être en présence de notre Guru béni alors qu'il était encore dans son corps physique, vous auriez pu voir que le pouvoir le plus prodigieux dont il faisait preuve

Manifester la conscience divine au quotidien

était son amour divin pour Dieu et l'amour divin venant de Dieu qui émanaient de ses yeux et de tout son être. J'ai pu voir à quel point cet amour avait changé ma vie et la vie de tous ceux qui étaient autour de lui. Dieu devint ainsi pour nous la chose la plus réelle et la plus importante en ce monde. Et je vois, même de nos jours, à quel point cette transformation a lieu dans la vie de chaque chercheur spirituel qui suit fidèlement ses enseignements et qui, par conséquent, pénètre dans l'aura de sa présence et de sa conscience à jamais vivantes.

Gurudeva vint en Occident avec cette mission divine spéciale, reçue du Christ et des grands maîtres : redonner vie à la religion, raviver la véritable signification de la religion. Au lieu d'un « églisianisme », comme il l'appelait, uniquement tourné vers l'extérieur, il nous enseignait comment bâtir un temple en nous-mêmes, où chaque jour nous pourrions entrer pour méditer profondément sur Dieu et où chaque jour nous vivrions pour Le servir. La religion, enseignait-il, doit être une expérience réelle de Dieu et pas seulement des mots ou des préceptes venant des Écritures. « Je ne vous demande pas de croire aveuglément, disait-il. Je ne vous demande pas d'accepter un dogme quelconque. Mais je peux vous dire ceci : si vous pratiquez et appliquez ces enseignements et les techniques de méditation, vous prendrez conscience de la présence de Dieu en vous-mêmes et réaliserez la vérité contenue dans mes paroles. »

Ainsi, en vous parlant de notre Guru, ce soir, je voudrais insister sur l'esprit pratique dont il faisait preuve – c'est-à-dire sur les pratiques concrètes qu'il enseignait afin d'amener Dieu dans notre vie. Au cours de notre formation, il commençait par nous apprendre les bases mêmes de la voie spirituelle. Dans les Écritures de l'Inde, on dit que le but essentiel de la religion est d'élever l'humanité jusqu'à la conscience de la Félicité (qui est Dieu) en attaquant à la racine la triple souffrance de l'homme : maladies physiques, discordances mentales et ignorance spirituelle, afin qu'il n'y ait aucun risque de les voir réapparaître.

Pour supprimer ces souffrances, on doit en connaître la cause. Toute souffrance ou incompréhension, toute notre séparation d'avec Dieu, est le résultat de *maya*, l'illusion cosmique – qui se manifeste en tant qu'ignorance chez l'homme. Si nous voulons connaître Dieu, si nous voulons suivre une voie qui nous conduira à cet état supérieur de conscience qui est au-delà de toute souffrance, nous devons savoir comment supprimer l'ignorance de notre véritable nature : des âmes divines, immortelles, bienheureuses et libres.

Dans ce corps physique et avec cet esprit limité physiquement, l'ignorance prend de nombreuses formes. Elle a d'innombrables ramifications et est particulièrement subtile. Si nous voulons la décomposer et analyser comment nous en débarrasser, nous en venons aux enseignements mêmes que notre Guru nous prodiguait quotidiennement à l'ashram. Et ces enseignements sont applicables à tous, que l'on vive dans le monde ou dans un monastère.

DÉPASSER LES PRÉFÉRENCES ET AVERSIONS DE L'EGO

Une forme d'ignorance qui affecte la conscience de la plupart des gens est d'être esclave de ses préférences et aversions, de ses « j'aime » et « je n'aime pas ». Est-ce que nous réalisons à quel point elles gouvernent notre vie ? Tant de choses que nous faisons sont motivées non par la compréhension de ce qui est bien ou mal, mais par le sentiment irrationnel de l'attraction ou de la répulsion qui est en nous. Un élément essentiel de la vie spirituelle est d'apprendre à s'élever au-dessus des préférences et aversions de l'ego identifié au corps afin que le discernement supérieur de l'âme puisse s'exprimer.

Cela ne signifie pas pour autant le rejet de la vie ou de l'appréciation des choses. Cela signifie que vous cessez d'être esclaves des habitudes créées par les goûts et les répulsions qui perpétuent en vous l'illusion d'être un être humain limité et mortel.

« Vous devez vous souvenir, nous disait le Maître, que vous êtes faits à l'image de Dieu. Mais est-ce l'image de Dieu ce petit corps, cet esprit et ces cinq sens qui sont si limités et qui, en comparaison, sont capables de faire l'expérience de si peu de choses ? Non. L'image de Dieu en nous, c'est l'âme. L'esprit et le corps humains ne sont que des instruments extérieurs à travers lesquels l'âme s'exprime. Vous serez toujours entravés par l'ignorance et limités par le corps et les sens si vous leur permettez de vous dicter : "J'aime ceci et par conséquent je fais ceci. Je n'aime pas cela, par conséquent je ne fais pas cela." »

Je vais vous donner une petite illustration de la manière dont le Maître nous enseignait. En Inde, il y a un aliment très bon pour la santé, une courge amère que l'on appelle *karela*. Le Maître aimait beaucoup en manger, comme la plupart des hindous d'après ce que j'ai découvert et on lui en servait souvent à l'ashram. J'avais du mal à aimer cet aliment, mais sachant que nous ne devions pas avoir de préférences ni d'aversions, je n'en avais jamais parlé au Maître.

Un jour où nous étions en train de manger avec lui dans la salle à manger de l'ermitage d'Encinitas, il servit un plat de cette courge amère. Je ne me sentais pas bien ce jour-là. J'avais de douloureux maux d'estomac. Je me mis alors à penser : « Bon, cela est une bonne excuse. Aujourd'hui, je n'aurai pas à en manger. Je vais simplement dire au Maître que je ne me sens pas bien et comme cela j'en serai dispensée. » C'est ainsi qu'au moment où il allait me servir, je refusai en lui disant :

« J'ai très mal à l'estomac. Il vaut mieux que je n'en mange pas.

Manifester la conscience divine au quotidien

— Oh, tu as des maux d'estomac ?

— Oui, Maître, répondis-je.

— Peu importe, viens ici. »

Je me levai de ma chaise et vins vers lui. Il prit ma main dans la sienne et me dit : « Maintenant, regarde-moi ; regarde-moi dans les yeux. Prends une grande inspiration. Maintenant expire. Ton mal d'estomac est parti, n'est-ce pas ? »

C'était effectivement le cas, mon mal s'était évanoui instantanément.

« Oui, Guru, répondis-je.

— Alors, mange, me dit-il. Voilà, sers-toi ! »

Mais cela n'était pas la fin de la leçon concernant la courge amère ! Quelque temps après, il en servit de nouveau et, ce jour-là, je pense que je devais être très téméraire. Il commençait

Manifester la conscience divine au quotidien

à me donner une grande portion de courge et je lui dis :

« Maître, donnez m'en juste un petit peu. Je n'aime pas cette courge si amère.

— Oh, fit-il, tu ne l'aimes pas ?

— Non, Maître. »

Il demanda à l'une des disciples d'apporter un grand saladier. Le Maître prit alors tout le contenu du plat de courge et le déversa dans le saladier. Il me le tendit et dit : « Assieds-toi et mange. » Je dus ainsi m'asseoir et manger toute la courge amère qui se trouvait dans le saladier.

Les leçons que le Maître nous donnait étaient simples et directes, et elles avaient sur nous un merveilleux effet libérateur. Nous apprîmes rapidement que tout ce qu'il nous disait – que ce soit une indication en apparence banale ou la plus élémentaire des instructions – était important. Nous vîmes qu'à chaque occasion, comme dans tous les échanges qu'il avait avec nous, il faisait en sorte de déraciner les nombreuses ramifications de l'ignorance qui sont souvent cachées au plus profond de notre conscience. Il ne s'occupait pas tant de ce que nous disions que de ce que nous pensions, du niveau de conscience où se situait notre être. Il nous guidait pas à pas sur le chemin qui nous permettrait d'atteindre l'expansion et la libération divines.

Je n'ai plus jamais dit à Guruji que je n'aimais pas quelque chose ! J'appris, comme nous le fîmes tous, à contrôler mes émotions et mes sentiments. Le discernement de notre âme doit toujours être maître de nos pensées, de nos sentiments et de nos désirs. Vous pouvez apprendre cela en commençant avec « les courges amères » qui se présentent dans votre propre vie. Entraînez-vous à faire ces petites choses que vous devez faire mais que vous n'aimez pas faire, et faites-les dans cet état d'esprit : « Cela n'est pas si mal après tout. C'est une bonne chose pour moi de le faire. » Commencez par de petites choses et vous découvrirez que, peu à peu, votre âme se libérera.

ÉVEILLEZ LE DIVIN POUVOIR DE VOLONTÉ DE L'ÂME

Une autre des principales causes de la souffrance qui permet à l'ignorance de diriger notre vie est le manque de volonté : le fait de ne pas utiliser la volonté qui nous a été donnée par Dieu et qui est présente en chaque âme. Notre Guru insistait non seulement sur le pouvoir de volonté pour faire ce que nous devons faire, mais il avait aussi inventé l'expression « le pouvoir du "je ne veux pas" » – le pouvoir de s'empêcher soi-même de faire des choses que l'on ne doit pas faire. Il enseignait (et démontrait dans sa propre vie) que chaque être humain, étant fait à l'image de Dieu, possède en lui une étincelle de la volonté infinie de Dieu. Nous pouvons faire tout ce que nous nous sommes fixés de faire si nous sommes en harmonie avec cette Volonté divine.

En dehors de « J'aime ceci » et « Je n'aime pas cela », il y avait quatre autres mots que le Maître ne nous permettait jamais de dire : « Je ne peux pas. » Lorsqu'il nous demandait de faire quelque chose, il ne disait jamais : « Savez-vous comment faire cela ? » ou « Pouvez-vous faire cela ? » Il nous assignait simplement une tâche et disait : « Faites cela. » Et invariablement nous répondions : « Oui, Maître. » Ensuite, c'était à nous de trouver comment nous allions arriver à le faire.

Il nous enseignait à développer notre force de volonté de bien des manières. J'allais encore à l'école lorsque je fis la connaissance du Maître et je finis les trois dernières années de ma scolarité dans une école d'Encinitas tout en vivant à l'ashram. C'était difficile pour moi car je voulais rester avec le Maître pour le servir tout au long de la journée. À cette époque, il voyageait fréquemment entre Mont Washington et Encinitas pour faire des conférences dans nos temples de San Diego et de Los Angeles, et je voulais avoir la possibilité de voyager avec lui – mais, non, je devais aller à l'école ! Nous étions plusieurs disciples à aller à l'école à cette époque et il attendait de nous que nous nous efforcions d'avoir les meilleures notes de la classe. Il avait l'habitude de dire que si les gens

Manifester la conscience divine au quotidien

vivant dans le monde pouvaient avoir l'ambition d'atteindre des sommets, pourquoi ceux qui aiment Dieu ne pourraient-ils pas exprimer dans leurs vies les plus grands idéaux, les plus grands accomplissements. « Tout ce qui vaut la peine d'être fait, disait-il, vaut la peine d'être bien fait. »

Un jour, Gurudeva invita les disciples de l'ashram d'Encinitas à l'accompagner à Los Angeles pour y assister à quelque évènement important. Il se tourna alors vers moi et dit : « Mais tu as des examens qui commencent demain. Ils sont très importants. Tu dois rester ici pour étudier. »

J'avais le cœur gros. Je lui dis alors : « Maître, laissez-moi venir, s'il vous plaît. Si vous acceptez, je vous promets, une fois l'évènement terminé, de rester debout toute la nuit pour étudier. Lorsque nous reviendrons à

Manifester la conscience divine au quotidien

Encinitas, demain matin, j'irai directement à l'école. Mais j'aurai passé toute la nuit à étudier. »

Le Maître me regarda un moment puis répondit : « Très bien, tu peux venir. » Ainsi, nous allâmes à Los Angeles et assistâmes au dit évènement dans la ville, puis nous prîmes la route pour revenir à la Maison Mère. Il était très tard lorsque nous y arrivâmes, au moins une heure du matin. Je montai dans ma chambre. Le Maître resta en bas pour parler avec quelques moines. Je savais que si je m'asseyais, j'allais m'endormir. Je pensai : « Non, j'ai promis au Maître que je passerais cette nuit à étudier pour mon examen. » C'est ainsi que je restai debout, en m'appuyant contre le mur, mon livre dans la main pour étudier.

Il devait être à peu près trois heures du matin lorsque le Maître monta à l'étage. Il frappa à ma porte et lorsqu'il l'ouvrit, il me vit là debout en train d'étudier. Il me dit : « Oh, ma pauvre petite, il est bien tard, tu as besoin de te reposer. Pourquoi ne pas aller te coucher maintenant ? Tu vas te coucher et prendre un peu de repos. »

Je me mis à penser : « Quel bonheur ! Le Maître va me dispenser de la promesse que je lui avais faite. » Puis, je me dis : « Bon, je dois faire ma part. Je ne dois pas abandonner si facilement ; je dois lui donner l'assurance que j'ai l'intention de tenir ma promesse. »

« Non, Maître, répondis-je, je vous ai promis de passer le reste de la nuit debout à étudier si vous me laissiez venir. » Je pensai en moi-même : « Il va certainement me dire : "Non, ce n'est pas la peine ; tu prends un peu de repos maintenant." » Mais il me regarda et dit simplement : « Très bien. » Puis il ferma la porte et me laissa.

Manifester la conscience divine au quotidien

Je passai le reste de la nuit à réviser très consciencieusement. Le lendemain, lorsque je passai l'examen, grâce aux bénédictions du Maître, à mes propres efforts et à ma volonté, je reçus la meilleure note de la classe.

C'est de cette façon que Guruji nous apprenait à ne pas céder aux faiblesses du corps humain. Si jamais il voyait chez nous un certain relâchement, il nous le faisait remarquer ostensiblement : « Qu'est-ce qui se passe ?! » Le ton de sa voix nous faisait immédiatement nous reprendre ! C'était pour nous rappeler ce qu'il nous enseignait : « Rien qu'en libérant toute la quantité d'énergie – une énergie atomique, électrique et divine – qui se trouve dans votre petit doigt, vous pourriez faire fonctionner la ville de Chicago pendant trois jours. Et vous dites que vous êtes fatigués ? Ou que vous ne pouvez pas faire ceci ni faire cela ? La volonté est la dynamo qui attire en vous cette énergie, ce potentiel infini de Dieu. »

Le Maître lui-même était infatigable. Il ne semblait jamais se fatiguer. À toute heure du jour ou de la nuit, il servait Dieu sans penser à son corps. Il n'avait aucune notion du temps. Nous ne le vîmes jamais accorder à son corps plus de trois ou quatre heures de repos par nuit. Même à ce moment-là, il ne dormait pas comme le commun des mortels. Il disait : « Vous pensez que je vais me coucher et que je dors. Mais, en fait, je m'élève dans la Conscience infinie. »

Nous, qui servions avec le Maître, devions servir au même rythme. Cela exerçait grandement notre volonté. Parfois, nous servions vingt heures par jour ou même vingt-quatre heures sur vingt-quatre. Cela nous démontrait de manière merveilleuse à quel point le pouvoir

Manifester la conscience divine au quotidien

de Dieu peut soutenir le corps et l'esprit de celui qui sert avec bonne volonté et en étant conscient de Sa présence.

Nul n'a besoin de vivre dans un ashram pour appliquer ces principes. En quelque endroit que l'on se trouve, on peut s'imprégner de cet état de conscience : « Je viens de Dieu. C'est par le pouvoir direct de Dieu que je vis. Ma volonté, ma vie ou ma vitalité n'est qu'un infime emprunt à ce pouvoir infini de Dieu. C'est pourquoi je pense à Lui, je me souviens de Lui pendant que je remplis mes devoirs quotidiens, accomplissant tout ce que les circonstances de ma vie exigent. Je reconnais la présence de ce pouvoir infini de Dieu qui est en moi et qui vibre à travers moi, respirant à travers mon souffle, servant avec mes mains, pensant à travers mes pensées. Et finalement, je me fondrai de nouveau dans ce Dieu infini après que ce petit corps mortel aura rempli son rôle dans la vie. »

À travers toutes ces leçons, le Guru nous enseignait à apprendre à éveiller le pouvoir divin qui est en nous pour nous aider à vaincre les suggestions illusoires de l'ignorance ou des limitations qui nous disent : « Je suis ce petit corps ; je sens cette douleur, je ressens cette maladie. Mon corps ne peut faire cela car il souffre. Mon corps doit avoir des vêtements chauds parce qu'il fait froid. Mon corps a besoin d'une certaine sorte de nourriture parce que j'ai un problème à l'estomac. » Rappelez-vous : l'esprit et la volonté sont le siège du pouvoir de Dieu en vous. Exercez ce pouvoir divin. Rendez-le de plus en plus fort en l'utilisant régulièrement et vous verrez à quel point ce pouvoir divin sera bien réel dans votre vie.

L'ÉQUANIMITÉ : VAINCRE LE POUVOIR DE LA DUALITÉ DE MAYA

Maya, l'illusion cosmique, nous maintient également dans l'ignorance de notre nature divine, c'est-à-dire identifiés avec le corps physique et ses limitations, à cause de l'alternance continuelle des dualités de la vie. La création tout entière est basée sur le principe de la relativité ou dualité : le positif et le négatif, la joie contrastant avec le chagrin, le plaisir avec la souffrance, la lumière avec l'ombre, la vie avec la mort. Dans la conscience de celui qui s'identifie avec le monde physique, l'expérience de ces états opposés crée une perturbation mentale et émotionnelle. Les Écritures enseignent que la présence de Dieu se reflète en chacun de nous en tant qu'âme, notre véritable Soi. Pour illustrer ce propos, notre Guru donnait souvent cette image : « Le reflet de la lune apparaît souvent déformé dans l'eau d'un lac agitée par le vent ; de même, l'image de l'âme qui se reflète dans le corps ne peut être perçue distinctement par un esprit agité et identifié aux sens. » Afin de refléter pleinement l'image de Dieu, le lac de notre conscience doit être parfaitement calme et imperturbable face aux tempêtes de la vie, c'est-à-dire les constants changements dus à la dualité et à la relativité.

La méditation, bien sûr, est essentielle pour atteindre cette sérénité intérieure [1]. Et la Bhagavad Gita nous enseigne que la seule manière de percevoir Dieu tout en étant engagés dans

---

[1] « Lorsque, grâce aux techniques de méditation, nous supprimons les pensées agitées du lac de notre esprit, nous contemplons notre âme, parfait reflet de l'Esprit, et réalisons que l'âme et Dieu ne font qu'Un » (Paramahansa Yogananda).

la vie active est de pratiquer l'équanimité. Cela signifie que le lac de notre conscience ne doit pas être perturbé par les émotions face aux inévitables dualités de la vie. Pour autant, cela ne fait pas de nous des automates dénués de sentiments. Je ne connais pas un seul être humain qui ait exprimé autant de joie de vivre, autant de profonds sentiments d'amour divin et de compassion que notre Guru. Il ressentait intimement les joies et les chagrins de la vie, mais il avait l'habitude de dire : « Même lorsque je fais extérieurement l'expérience de ces choses, mon esprit conserve toujours cette limpide tranquillité dans laquelle l'image de Dieu et ma conscience se reflètent comme un seul être parfait. »

La plupart des gens ne réalisent pas à quel point ils restreignent constamment leur bonheur et leur liberté en réagissant de manière excessive aux contrastes de la dualité rencontrés dans la vie quotidienne. On pourrait prendre comme exemple la chaleur et le froid – combien le corps est sensible aux températures extrêmes ! En Inde, les yogis éprouvent leur pouvoir d'équanimité en endurant des températures extrêmes, aussi bien dans la chaleur que dans le froid, sans permettre à leur conscience d'en être perturbée ; et le Maître nous faisait souvent pratiquer cela à l'ashram.

Les dernières années de sa vie, Guruji passa beaucoup de temps dans sa retraite du désert où il travaillait sur ses écrits. C'est dans ce lieu qu'il fit la plus grande partie de sa traduction et de ses commentaires de la Bhagavad Gita[1]. Il dictait et l'une d'entre nous était assise devant la machine à écrire et tapait ses paroles. Parfois,

---

[1] *God Talks With Arjuna – The Bhagavad Gita: Royal Science of God-Realization* (publié par la Self-Realization Fellowship).

il travaillait pendant de très nombreuses heures d'affilée – toute la journée et, la plupart du temps, jusqu'à tard dans la nuit.

Il y avait un petit terrain clôturé tout autour de sa retraite du désert et après que le Maître eut terminé son travail, il disait : « Venez, maintenant, allons marcher sur le terrain, à la lueur des étoiles et de la lune. » Il peut faire vraiment froid dans le désert la nuit, bien en dessous de zéro. Il y eut même un moment où il fit exceptionnellement froid, un froid glacial, et comme nous vivions dans le sud de la Californie, nous n'avions pas beaucoup de vêtements d'hiver. Une nuit, nous sortîmes pour marcher aux environs de trois heures du matin. Je portais un manteau et j'avais pris une couverture que je drapai autour de moi. Le Maître portait seulement une petite veste. Il marchait, respirait l'air frais, se sentant merveilleusement bien ;

mais, pour ma part, je grelottais lamentablement de froid ! Il faisait si froid que je pouvais à peine marcher ! Finalement, après avoir fait deux fois le tour du terrain, je pensai en moi-même : « Bon, voilà qui est certainement assez. » Je vis alors que le Maître s'apprêtait à faire un autre tour et je lui dis :

« Maître, il fait si froid, voulez-vous m'excuser ? J'aimerais rentrer.

— Froid !, répondit-il, regarde-moi, je n'ai pas froid. Pourquoi permets-tu à ton esprit d'accepter l'idée du froid ? »

Malheureusement, à ce moment-là l'idée du froid était déjà bien établie dans mon esprit et j'avais du mal à l'éliminer. Je continuai donc à grelotter tout le reste de la promenade.

Le lendemain soir, je me souvins de cette leçon et je pensai : « Le Maître n'avait pas froid. Il m'a dit que tout est dans l'esprit. Je dis donc à mon

Manifester la conscience divine au quotidien

esprit : *Il ne fait pas froid.* » Cependant, je fus tentée de jeter un coup d'œil au thermomètre lorsque nous sortîmes par la porte arrière. Il faisait plus froid que la nuit précédente – et un vent glacial empirait les choses car il soufflait si fort qu'on avait du mal à marcher face à lui. Mais cette fois-ci j'avais conditionné mon esprit et j'affirmai : « Non, il ne fait pas froid. Je vais prendre plaisir à cette expérience. Je vais penser à Dieu et à la beauté des cieux, des étoiles et de la lune, en présence de mon Guru. »

Nous marchâmes dehors pendant presque une heure cette nuit-là et je ne ressentis pas du tout le froid. Cette simple suggestion faite à mon esprit fit la différence. Donc, cela marche ! Je sais que cela marche. Si je peux le faire, vous pouvez tous le faire aussi. Apprenez à suggérer des pensées positives à votre esprit. Suggérez-les avec force. Croyez en elles lorsque vous les suggérez et vous verrez quels miracles elles produisent dans votre vie. Vous verrez à quel point vous deviendrez maître de votre corps et de votre esprit.

Guruji, qui avait l'esprit pratique, avait l'habitude de dire : « Si vous avez froid et que vous avez près de vous un radiateur, mettez-le en marche – ou mettez un manteau ! Si vous avez chaud et que vous avez la possibilité de faire marcher un ventilateur, faites-le. Mais ne permettez jamais à votre esprit d'être agité, contrarié ou malheureux si vous ne pouvez changer ces conditions. »

LE POUVOIR DE L'ESPRIT ET L'ATTITUDE JUSTE FACE À LA DOULEUR

Le yogi doit aussi apprendre à garder son équanimité lorsqu'il doit affronter la maladie et la souffrance corporelle. C'est peut-être l'un des tests les plus difficiles à affronter car lorsque le corps souffre, il est difficile de mettre en pratique la philosophie selon laquelle la matière n'est pas réelle ou de réaliser « je ne suis pas le corps ». À ce moment-là, vous vous identifiez complètement à votre forme physique !

Le Maître nous montra comment l'on doit réagir à la souffrance et à la douleur du corps physique : en gardant une sereine égalité d'humeur et en ayant une attitude d'abandon envers Dieu et de foi en Lui, tout en faisant constamment l'effort d'exercer le pouvoir de l'esprit sur la matière, de l'esprit sur la douleur.

On dit que les grands saints et les maîtres – ceux qui se sont de nouveau unis à Dieu – ont la capacité de prendre sur eux les effets karmiques des mauvaises actions des autres et de les brûler dans leurs propres corps. On peut comparer cela à la situation d'une personne de constitution très faible qui va être frappée par une personne de constitution très forte. Si une autre personne de constitution forte se met devant la personne faible, elle pourra supporter le coup porté. Cela ne l'affectera pas beaucoup tandis que cela aurait pu entraîner la mort de la personne faible.

Notre propre Guru a cette capacité d'aider les autres âmes et d'alléger leur fardeau. Je le vis faire cela de nombreuses fois ; et lui-même nous disait : « J'ai pris sur moi le karma de vous tous et de tellement d'autres. » Des disciples du monde entier lui écrivaient et lui demandaient de les guérir. Je me souviens du Maître lorsqu'il lisait ces lettres très tôt le matin. Il s'asseyait en méditation sur son

Manifester la conscience divine au quotidien

fauteuil, les jambes croisées, et priait profondément pour chacun d'eux. À ces moments-là, nous voyions de temps à autre se manifester dans une moindre mesure sur le corps même du Maître certains symptômes de la maladie d'une personne ayant demandé son aide et qu'il avait prise sur lui par la grâce et le pouvoir de Dieu.

Vers la fin de sa vie, le Maître nous dit que Dieu l'avait prévenu qu'il avait déjà pris sur son propre corps trop de karma d'autres personnes. « La Mère divine me dit que je ne dois pas en prendre plus, confiait-il. » Mais je ne l'ai jamais vu refuser son aide à quiconque. Cela lui était tout simplement impossible.

Guruji prenait sur lui non seulement le karma de personnes qui recherchaient son aide, mais il avait aussi le pouvoir de prendre sur

Manifester la conscience divine au quotidien

lui ce qu'on appelle le karma collectif[1]. Seules de grandes âmes peuvent le faire. C'est pour cela que saint Jean-Baptiste pouvait dire de Jésus qu'il avait « enlevé le péché du monde ». Par exemple, pendant la guerre de Corée qui commença en 1950, nous étions parfois avec Guruji et entendions ses paroles alors qu'il était dans un profond état de *samadhi*. Il criait de douleur tandis qu'il ressentait les balles des mitraillettes entrer dans son propre corps ou la souffrance de ces soldats qui mouraient sur ce lointain champ de bataille. Il passa par les

---

[1] « Le karma cumulé de groupes de personnes – de groupes sociaux ou raciaux, ou de nations, par exemple – ou du monde dans son ensemble constitue le karma collectif de la terre ou d'une partie de celle-ci. [...] Lorsque les hommes vivent en harmonie avec les lois et les forces divines, une réserve de bon karma collectif bénit leur environnement terrestre en y apportant la paix, la santé et la prospérité. Au contraire, un mauvais karma collectif accumulé entraîne les guerres, les maladies, la pauvreté, les tremblements de terre dévastateurs et autres calamités. » (Paramahansa Yogananda)

Manifester la conscience divine au quotidien

mêmes expériences pendant la Seconde Guerre mondiale et, également, à la fin des années 40, lorsque d'importantes inondations et de grandes famines eurent lieu en Inde. Au cours de ces *samadhis* où il entrait en union avec l'humanité souffrante, il expérimentait dans son propre corps le tourment de toutes ces souffrances car Dieu lui permettait ainsi de prendre sur lui une grande partie du fardeau du karma collectif de manière à alléger les maux et la noirceur de l'humanité.

ÊTRE TÉMOIN DE LA CONSCIENCE DIVINE QUI PERMET DE TRANSCENDER LA SOUFFRANCE

Je me souviens qu'à l'époque de notre première Convocation mondiale, tenue à la Maison Mère en 1950, le Maître avait certains

Manifester la conscience divine au quotidien

problèmes aux jambes. Il ne pouvait même pas se tenir debout ni marcher sans ressentir la plus grande douleur. Il fut alors décidé de le conduire en voiture jusqu'au court de tennis où devait avoir lieu l'évènement. Nous étions tous à prier et à nous inquiéter : « Comment pourra-t-il monter sur l'estrade pour faire son discours ? » Lorsque la voiture arriva et s'immobilisa, ceux d'entre nous qui connaissions les difficultés que son corps traversait, retenions anxieusement notre respiration. La portière s'ouvrit et le Maître sortit de la voiture. C'est alors que nous eûmes tous le souffle coupé car il nous semblait vraiment que le Maître ne marchait pas mais flottait, ses pieds touchant à peine le sol tandis qu'il montait la rampe le menant à l'estrade.

Il se tint là debout pendant deux heures à parler devant l'assistance. Ensuite, il salua tous

Manifester la conscience divine au quotidien

ceux qui étaient venus, restant debout de nombreuses heures après son discours. Par la suite, lorsqu'il revint à ses appartements, il nous dit : « Cela a été l'une des plus formidables expériences de ma vie. Voyez comme la Mère divine vous montre l'irréalité de cette vie et l'alternance de ses contrastes ! D'un côté, vous voyez combien ce corps a souffert et d'un autre, vous voyez que je suis complètement détaché. Je suis dans les bras de la Mère divine et je ne suis plus du tout conscient de ce corps ni de ses souffrances. »

Guruji avait l'habitude de nous dire : « Ma vie a deux côtés, comme les deux côtés d'une pièce de monnaie. » D'un côté, il était toujours conscient que toute la création – son corps, nos corps, cette pièce, cette table, cette chaise, toute chose – est faite de cette Conscience divine infinie dans laquelle on ne trouve aucune limite, aucune peine ni souffrance. Ce n'est que la suggestion de Dieu, imposée à la création (*maya*), qui divise l'Infini en formes finies en apparence séparées et qui fait qu'elles semblent réelles. Le Maître avait l'habitude d'appeler cela de l'hypnose cosmique. Dieu nous suggère la réalité de ce monde et de ce corps et à cause de cette pensée hypnotique, puissamment suggérée par Dieu, nous pensons qu'ils sont réels.

Guruji nous expliqua qu'en revêtant un corps physique, même les avatars – ces grandes âmes qui ont déjà atteint la libération, mais qui retournent sur terre, comme le fit notre Guru, pour aider à libérer les autres hommes, pour aider à libérer le monde et indiquer aux âmes en quête de spiritualité la voie qui mène à Dieu – doivent aussi accepter une certaine quantité d'illusion ou de limitation. Sans cette illusion, sans *maya* qui semble faire de ce monde une réalité, les atomes mêmes de leur corps ne pourraient rester ensemble. Ils ne seraient alors rien d'autre que ce qu'ils sont réellement : lumière et conscience inconditionnées de Dieu.

Nous vîmes tout cela dans la vie de notre Guru : comment il vivait dans un corps physique, comme le vôtre et le mien, pouvant ressentir la douleur et être limité par la maladie et les blessures et comment, en même temps, il pouvait exprimer le pouvoir et le potentiel infinis de l'esprit pour transcender ces « réalités » physiques. Quand il disait à son corps : « Lève-toi et marche », même s'il était malade ou souffrant, ce corps se levait et marchait. Parfois, il semblait impossible qu'il puisse honorer un rendez-vous pour donner une conférence ou rencontrer des gens qui étaient venus de loin pour le voir. Imperturbable, il se préparait pour la réunion ou la rencontre et, le moment venu, tous ses maux disparaissaient soudainement. Grâce à sa force de volonté et grâce à sa foi dans le Pouvoir infini présent en lui, comme il le disait : « Dieu vient toujours à mon aide. Jusqu'au dernier moment, la Mère divine ne me dit jamais si Elle va ou non me donner le pouvoir ou la capacité de le faire, si Elle va ou non m'enlever ces épreuves, ces souffrances. Tout ce que je sais, c'est qu'il est maintenant temps de La servir, de partager Dieu avec ceux qui sont venus chercher mon aide. Mais toujours, au dernier moment, c'est comme si Elle me soulevait dans Ses bras, dans ce grand Amour et cette grande Lumière. »

C'est ce qu'il nous dit après l'expérience qu'il vécut lors de cette première Convocation : « Lorsque je descendis de la voiture, j'avais soudain perdu toute conscience ou perception du corps. Mon corps, toutes les personnes présentes et l'environnement n'étaient plus pour moi qu'une masse de lumière divine. Et je me sentis flotter dans cette lumière, dans cette conscience de Dieu. » Nous, qui étions présents, avons vu cela. C'était un véritable miracle dont nous avons été témoins. Et nous savions qu'un pouvoir divin avait porté notre Guru à ce moment-là.

« L'UNIQUE HAVRE DE SÉCURITÉ »

« D'un côté de ma conscience, disait Guruji, il y a le monde matériel et le corps. Cependant, toujours – même quand je m'exprime à travers cette forme physique – de l'autre côté de ma conscience, je vois en permanence l'irréalité de toutes choses. »

Manifester la conscience divine au quotidien

Un jour, dans le désert, il était en train de nous dicter son interprétation de la Bhagavad Gita. Nous étions assises à ses pieds, et il aborda des idées très profondes à propos de la nature de la création et de l'irréalité de ce monde : comment Dieu imposa Son concept de *maya* à l'humanité, nous faisant ainsi croire que tout cela est très réel et très important. Ensuite, il se retira en lui-même pendant un moment. Une certaine expression apparaissait sur le visage du Maître lorsque sa conscience s'intériorisait et se fixait sur Dieu. Nous reconnaissions toujours cette expression et nous gardions alors le silence.

Tandis que nous étions assises là à attendre qu'il reprenne le travail, il se mit soudain à rire ! Le Maître avait un rire merveilleusement chaleureux et très communicatif et bientôt nous nous mîmes toutes à rire avec lui. Finalement, il dit : « Oh, c'est une telle plaisanterie ! C'est un véritable tour que Dieu est en train de vous jouer à tous ! Comme ce monde et ses expériences sont irréels. Tout est Dieu ; tout n'est que le film de Dieu – le jeu d'ombres et de lumières de Dieu dans le cinéma du cosmos. Ce n'est pas réel, ce n'est pas réel ! La Mère divine ne fait que vous duper ! Vous prenez cela tellement au sérieux, mais ce n'est qu'une farce que la Mère divine vous fait ! »

Ensuite, il devint très sérieux et des larmes de compassion divine se mirent à couler le long de ses joues tandis qu'il regardait chacune d'entre nous qui étions assises en demi-cercle autour de lui. Il nous dit avec une grande tendresse : « Mais je suis tellement désolé pour vous toutes, car pour vous ce monde est encore réel. »

Manifester la conscience divine au quotidien

« Ne le prenez pas trop au sérieux, continua-t-il. Voyez ce monde uniquement comme le spectacle de Dieu, avec ses joies et ses peines, ses déceptions, ses illusions, ses souffrances, la vie et la mort. Un bon film comporte toutes ces choses ! Dès que les circonstances de votre vie commencent à vous perturber, à vous abattre ou à vous décourager, tournez vos pensées vers Dieu et dites : "Oh, mais je sais, Seigneur, ce n'est qu'un rêve temporaire, projeté par le faisceau de Ta lumière et de Ta conscience. Je suis une étincelle de cette lumière et de cette conscience infinie, qui joue pour un temps un petit rôle humain dans ce corps, et je sais que cela n'est pas réel." Apprenez à rire du spectacle que Dieu vous fait prendre pour réel. Apprenez à voir la Réalité derrière les scènes illusoires de ce film cosmique. Tournez les yeux vers la Mère divine, vers le

Manifester la conscience divine au quotidien

faisceau de lumière. C'est le seul havre de sécurité. »

S'ÉLEVER AU-DESSUS DES HUMEURS CHANGEANTES DE L'EGO

Une autre des racines de l'ignorance, ancrée dans notre « seconde nature », ou ego, et enfermant notre conscience dans la dualité, réside dans les états d'âme alternant entre bonheur et tristesse. Ceux-ci font aussi partie de l'illusion que nous devons apprendre à transcender. Je me souviens d'un matin où le Maître m'avait fait appeler. Ce jour-là, j'étais débordante de joie. Mais dès que j'entrai dans la pièce où il se trouvait, le Maître commença à me réprimander. Certaines des choses pour lesquelles il me réprimandait n'étaient ni de mon fait ni de ma responsabilité. Néanmoins, sa

Manifester la conscience divine au quotidien

réprimande était si sévère que ma joie s'évanouit. Elle s'envola littéralement, et je commençai à me sentir très triste. Après quelques minutes, il me renvoya à mes occupations.

Derrière toutes les leçons qu'il nous donnait, nous savions que le Maître avait toujours une bonne raison de le faire. Nous n'essayions pas de nous défendre, ni d'expliquer ou de justifier nos actions car nous savions qu'il n'était pas seulement en train de s'occuper de ce que nous pensions ou faisions à ce moment-là, mais qu'il creusait au plus profond de notre conscience, cherchant à retirer toutes les graines d'imperfections qui s'y trouvaient afin de faire jaillir la perfection de Dieu cachée en notre âme.

Je me mis à penser : « Bon, voilà, je méritais ces réprimandes. Que j'aie mérité d'être grondée pour ces choses en particulier ou non, cela

Manifester la conscience divine au quotidien

n'a pas d'importance. Je dois toujours accepter ces choses avec l'attitude juste. » Peu à peu, ma paix et mon harmonie avec le Maître commencèrent à revenir. Et à l'instant où elles s'établirent en moi, il me fit de nouveau appeler.

Cette fois-ci, il était empli d'amour et de gentillesse, comme nous avions l'habitude de le trouver et il me dit : « Tu vois dans quel état d'esprit tu étais lorsque tu es venue me voir ce matin : tu étais tout sourire, toute heureuse. Et puis, avec seulement une petite remontrance, tout cela s'est évanoui ! Tu dois apprendre à cultiver la joie de Dieu durant la mauvaise saison de ta vie, lorsque surgissent les épreuves et les tourments aussi bien que durant la belle saison de ta vie lorsque tout va bien pour toi. Si tu n'apprends pas à le faire, au moment des épreuves, quand de petites contrariétés apparaîtront dans ta vie, ta joie se retirera – et tu découvriras qu'en perdant cette joie, tu perds aussi la conscience de Dieu. Lorsque je t'ai réprimandée ce matin, ta joie n'aurait pas dû se tarir comme elle l'a fait. Tu aurais dû être capable de la conserver – à la mauvaise saison des problèmes comme à la saison de la paix et de la satisfaction lorsque règne le contentement. »

Nous n'avons jamais oublié ces expériences avec le Maître, ces leçons simples mais pleines d'enseignements, et nous avons appris à les appliquer dans chaque circonstance de notre vie. Nous avons vu, par exemple, que lorsqu'un fidèle est trop influencé par les vagues alternantes de la joie et du chagrin qui agitent la conscience de la plupart des êtres humains, il en résulte des sautes d'humeur.

Nos sautes d'humeur, avait l'habitude de dire notre Guru, sont la manifestation d'un

Manifester la conscience divine au quotidien

mauvais karma du passé – des tendances ou des désirs néfastes que nous n'avons pas surmontés spirituellement, mais que nous ne laissons pas s'exprimer dans cette vie-ci. En d'autres termes, nous avons appris maintenant que certaines actions sont mauvaises et que nous ne devons pas nous y engager. C'est ainsi que nous dressons une barrière mentale et disons : « Je ne ferai pas cela. » Mais si le germe de cette action est encore dans notre conscience, même si nous l'empêchons de s'exprimer directement, elle peut très bien le faire sous la forme de sautes d'humeur.

Vous pouvez, ainsi, vous sentir très heureux pendant un moment et l'instant d'après, sans raison, vous vous retrouvez déprimés et découragés. Quelque petit incident – sans commune mesure avec votre réaction – vous donne l'impression que toute votre volonté et tout votre

Manifester la conscience divine au quotidien

enthousiasme se sont envolés et vous commencez à vous apitoyer sur votre sort : « Oh, la vie me traite de manière si injuste ! Les autres semblent avoir toutes les chances et toutes les bénédictions pour eux. Mais, moi, je n'ai vraiment jamais de chance ! » De telles humeurs emprisonnent et étouffent votre esprit. Le Maître ne nous permettait jamais d'y succomber – et il savait toujours quand nous donnions libre cours à l'une d'elles !

Les premières années où je suivais cette voie spirituelle, j'étais sujette aux changements d'humeur, mais la discipline stricte du Maître et la bénédiction divine me permirent d'y remédier. Je me souviens qu'un jour j'étais d'humeur dépressive lorsqu'il demanda à plusieurs d'entre nous de venir le voir. Les autres disciples étaient déjà là lorsque j'arrivai. Le Maître méditait, les yeux fermés. Il n'ouvrit pas les yeux pour me voir, mais à l'instant où j'arrivai à sa porte, il agita la main pour me renvoyer et dit : « Mrina, ne rentre pas dans cette pièce ! Ne m'approche pas avec ces vibrations négatives. Retourne dans ta chambre ! »

Je retournai donc dans ma chambre – et là j'étais vraiment contrariée ! Je me mis à penser : « Je me sentais tellement seule et découragée : j'aspirais à être une fidèle parfaite de Dieu et je m'apitoyais sur le fait que j'étais encore si loin du but recherché. Tout ce dont j'avais besoin de la part du Maître, c'était juste une parole d'encouragement et mon humeur dépressive serait partie. S'il avait seulement dit : "Oh, tu te débrouilles très bien. Je t'aiderai. Continue juste à méditer toujours plus profondément..." Tout ce dont j'avais besoin, c'était d'un peu d'amour et d'encouragement.

Manifester la conscience divine au quotidien

Mais, maintenant, au lieu de m'aider, il m'a renvoyée ! »

Nous nous rendions vite compte que c'était là la façon qu'avait le Maître de nous former. À chaque fois que nous n'étions plus en harmonie avec lui, il nous éloignait de sa présence. C'est un point très important à comprendre pour vous tous qui n'avez pas eu l'occasion d'être dans la présence physique du Guru. Même lorsqu'il était avec nous physiquement, il nous disciplinait et nous guidait non pas tant à travers le contact personnel et la communication sur un plan matériel qu'à travers l'harmonie spirituelle que nous établissions avec lui. Si nous étions parfaitement en harmonie spirituelle avec le Maître, nous étions alors capables de recevoir son aide et ses bénédictions et d'en bénéficier – et sur le plan externe, il nous permettait de rester près de lui. Mais

Manifester la conscience divine au quotidien

si nous n'étions plus tout à fait en harmonie spirituelle avec lui, le Maître nous fermait sa porte et nous renvoyait.

Lorsque cela arrivait, il n'y avait qu'une chose à faire. Nous allions dans notre chambre, en nous sentant très malheureux. Vers quoi pouvions-nous alors nous tourner ? Nous nous agenouillions devant Dieu, devant notre autel et nous appelions et priions Dieu ainsi : « Montre-moi où est mon erreur. Change-moi. Mets-moi en harmonie avec mon Guru. Mets-moi en harmonie avec Toi. Change cette forme mortelle grossière, avec toutes ses imperfections et ses limitations, en un instrument à travers lequel Tu peux vivre et T'exprimer dans ce monde pour mon bien et pour le bien de toute l'humanité, du monde entier. »

Lorsque nous priions de cette manière, une grande paix nous envahissait soudain. Nous avions élevé notre conscience au-dessus des états d'âmes perturbants, des limitations et de l'illusion de l'ego et l'avions ramenée vers le calme, vers l'harmonie avec Dieu et le Maître. À l'instant où cette paix revenait en nous – je voyais cela arriver à chaque fois – on frappait à la porte, ou quelqu'un glissait un petit mot sous la porte disant : « le Maître voudrait te voir maintenant. »

Quand nous entrions dans la pièce où il se trouvait, il était de nouveau plein d'amour et de joie. Il disait : « Bon ! Je n'aurais pas dû te réprimander de cette façon. Tu ne méritais pas une telle réprimande. Je suis désolé de t'avoir fait de la peine. » Nous nous inclinions juste devant le Maître et lui disions : « Oh, Maître, disciplinez-moi n'importe quand, à tout moment ! » La compréhension allait de pair avec l'harmonie retrouvée : ses réprimandes étaient en fait une bénédiction. Il nous réprimandait car il se souciait suffisamment de nous pour nous faire sortir de cette illusion que sont les limitations du corps et de l'esprit.

Aujourd'hui, bien que je n'aie plus ce contact avec lui sur le plan physique, je vois que les conseils et les bénédictions prodigués par notre Guru sont aussi réels que lorsqu'il vivait sur cette terre. Je sais parfaitement quand il me discipline ou quand il me guide. C'est tout aussi tangible et cela peut être tout aussi douloureux ! Mais ces conseils et cette douleur m'aident à surmonter les obstacles. De même, tous ceux d'entre vous qui cherchent Dieu sincèrement verront que le Guru les aide et les guide sur le chemin de la vie. Tandis que vous faites votre part sur la voie spirituelle, vous recevrez ses bénédictions ; et à travers ces

Manifester la conscience divine au quotidien

bénédictions et vos propres efforts, vous recevrez les bénédictions et la grâce de Dieu.

Dieu et le Guru vous enverront des épreuves ; ils vous disciplineront lorsque vous en aurez besoin. Mais, en poursuivant sur la voie, vous apprenez – tout comme nous devions apprendre et continuons constamment d'apprendre – à accepter cette discipline du Maître avec l'attitude juste. Vous prenez conscience que chaque joie ou chaque chagrin qui vous arrive n'est pas uniquement dû à une circonstance fortuite. C'est Dieu et le Guru qui vous l'envoient, comme faisant partie de la dette karmique que vous êtes prêts à régler à ce moment-là et cela a une raison d'être. Il y a là une leçon que vous devez apprendre. Une fois que vous l'aurez apprise, vous verrez que vous êtes beaucoup plus libres, beaucoup plus près de Dieu. Vous serez un peu moins enfermés dans les limitations du corps et de l'esprit ; et vous sentirez ce Pouvoir infini, cet Amour et cette Joie infinis s'exprimer un tout petit peu plus dans votre vie.

ANCRER SA CONSCIENCE DANS LE DIVIN

Le Maître nous enseignait que l'une des causes majeures de l'ignorance – l'oubli de notre nature divine – est l'avalanche constante de distractions dans ce monde, qui perturbe la conscience et attire l'attention vers l'extérieur. L'esprit est continuellement amené à penser à d'autres choses et à oublier Dieu, tandis que le disciple qui veut atteindre la réalisation divine doit apprendre à constamment ancrer sa conscience et ses pensées dans le Divin.

Manifester la conscience divine au quotidien

Le Maître nous formait à le faire de nombreuses manières. Parfois, nous venions dans ses appartements, l'esprit totalement préoccupé par le travail en cours – des décisions que nous avions besoin qu'il prenne, des projets sur lesquels il nous avait demandé de travailler, etc. Nous étions pleins d'enthousiasme à l'idée de faire avancer les choses, notre conscience toute immergée dans le travail et l'activité. Il était attentif à ces questions pendant un moment, puis, en plein milieu de notre entretien, tandis que notre esprit était occupé à essayer de résoudre les nombreux problèmes inhérents à la bonne marche d'une organisation, il disait soudain : « Très bien, maintenant asseyez-vous et méditons. »

Nous nous asseyions alors pour méditer et si, par hasard, notre esprit était agité, le Maître le savait. Il nous disait : « Votre amour pour

Manifester la conscience divine au quotidien

Dieu est-il donc si faible et si insipide que vous ne pouvez empêcher votre esprit de vagabonder et d'être attiré par ces pensées agitées ? Focalisez votre esprit sur Dieu. Écartez tout autre pensée et immergez totalement votre conscience en Dieu. » Nous avons ainsi appris à le faire. Ensuite, après une période de méditation, le Maître disait : « Très bien, maintenant retournez travailler. » Nous devions instantanément changer notre conscience et revenir à nos tâches – avec le même enthousiasme, la même attention et la même concentration –, en reprenant là où nous les avions laissées.

« C'est de cette manière que le véritable yogi, le véritable disciple, traverse la vie, disait encore le Maître. La personne ordinaire est comme un pendule, qui oscille d'avant en arrière d'un extrême à l'autre. Elle est toujours en mouvement, toujours agitée. Le yogi, de son côté, est toujours calme, centré sur sa véritable nature comme le pendule quand il est immobile. »

« La personne sereine reste calme jusqu'à ce qu'elle soit prête à agir. Elle se lance alors dans l'action, disait Guruji. Dès qu'elle a fini, elle se recentre sur son calme intérieur. Vous devriez toujours être calme, comme le pendule quand il est immobile, mais être également prêt à vous lancer avec vigueur dans l'action dès que cela est nécessaire. » Ensuite, il franchit une nouvelle étape : après avoir médité, nous devions conserver dans nos devoirs et nos activités la conscience de la méditation – la conscience d'accomplir chaque tâche comme un service rendu à Dieu, tout en sentant Son pouvoir, Son énergie et Sa vitalité emplir notre être.

Manifester la conscience divine au quotidien

MÉDITER EST LA MEILLEURE FAÇON DE LIBÉRER L'ÂME

Dans ce *satsanga*, j'ai partagé avec vous quelques-uns des moyens très concrets enseignés par Guruji pour libérer l'âme de l'ignorance, de tout ce qui la lie à la conscience mortelle – des méthodes que vous pouvez mettre en pratique dans le monde comme nous l'avons fait à l'ashram. À travers cela, vous réaliserez de plus en plus cette vérité suprême : « Je ne suis pas le corps. Je suis l'âme, une avec l'Esprit infini. »

La meilleure méthode pour atteindre et garder cet état de conscience est sans conteste de suivre les instructions spirituelles du Guru pour obtenir une méditation profonde. Grâce à la méditation, vous calmez les pensées et la conscience et vous les laissez se reposer comme un pendule immobile, entièrement centrées sur

Dieu. Et dans cet état de tranquillité intérieure, vous commencez à percevoir Sa présence.

Le Maître insistait sur le fait que nous devions faire en sorte que chaque instant de notre méditation compte : chaque instant devenant une communion avec Dieu, une communion de tout notre être avec cette « Réalité ». Quelques-uns d'entre nous étaient avec lui lorsqu'il se retira pendant un certain temps en Arizona afin de travailler sur ses écrits. Nos journées étaient très occupées et, un matin, je fis un effort particulier pour me réveiller plus tôt, avant, pensai-je, que le Maître ne m'appelle, afin d'avoir un peu plus de temps pour méditer. Ma méditation ne fut pas très profonde, mais j'étais fière de moi car j'avais pu méditer plus longtemps ce matin-là. Cependant, quand je vis le Maître, il me regarda et dit :

« Tu n'as pas médité ce matin.

— Mais, Maître, j'ai médité une heure entière, protestai-je.

— Une demi-heure aurait suffi » répliqua-t-il.

Ma fierté spirituelle était soudain anéantie ! Cependant, je méditai ces paroles pendant un moment, et j'en vins à en comprendre le sens. Je savais ce qu'il voulait dire : « Tu as médité une heure, c'est-à-dire tu es restée assise dans la posture de méditation pendant une heure, mais si tu avais médité la moitié de ce temps avec profondeur et intensité, ta méditation aurait été deux fois plus bénéfique. »

Je me rappelle également qu'un jour l'un des moines rencontra le Maître dans le hall d'entrée et lui dit avec fierté : « Maître, ce matin, j'ai fait trois cents kriyas », en pensant que le Maître allait lui dire : « Oh, comme c'est fantastique, vous êtes un *chela* béni ; je suis tellement fier de vous ! » Mais le Maître se contenta de traverser le hall en disant très nonchalamment tandis qu'il le dépassait : « Trois kriyas auraient suffi. » C'est ainsi qu'il insistait sur l'importance d'une méditation profonde.

MÊME UN BREF APERÇU DE CONSCIENCE DIVINE TRANSFORME NOTRE VIE

Toute personne qui a véritablement eu ne serait-ce qu'un bref aperçu de Dieu ne peut jamais être la même – ne peut jamais plus se satisfaire comme auparavant de sa conscience mortelle limitée. Vous ne cessez pas pour autant de jouir du monde et des plaisirs sains qu'il offre, mais votre conscience se détourne de la réalité extérieure pour se tourner vers la réalité intérieure. Au lieu de vous identifier avec les formes physiques et les limitations, avec les liens affectifs et les désirs, les inclinations et les aversions, les joies et les peines, tout dans la vie devient l'expression de Dieu. Vous percevez toutes choses comme étant faites de Sa lumière et de Sa conscience infinies. Vous appréciez l'amour et la compagnie de votre famille parce que vous sentez passer à travers vous Son amour, l'amour que Dieu vous a donné pour aimer cette famille. Dans l'amour que vous recevez en retour de vos êtres chers, vous ne sentez pas seulement une émotion humaine égoïste, physique ou limitée, mais cet amour infini du Divin. Lorsque vous regardez une rose, ou les innombrables choses merveilleuses que Dieu a créées, vous voyez derrière la beauté de ses pétales la lumière et la conscience infinies du Créateur qui a conçu toute cette beauté et la maintient en vie.

Manifester la conscience divine au quotidien

Ainsi que le Maître nous le rappelait, le véritable fidèle n'est pas celui qui répète sans cesse : « Quand trouverai-je Dieu ? Où est-Il ? Je désire ardemment Le connaître ; comment pourrai-je Le trouver ? » Le véritable fidèle est celui qui dit : « Ah, j'ai trouvé Dieu. Il est tout le temps avec moi, en moi, autour de moi. Je sais que c'est Dieu qui m'aime à travers les formes de tous ceux qui me sont chers, que c'est Lui qui est la beauté derrière la rose et le coucher de soleil, que c'est Son pouvoir et Sa vie qui battent dans mon cœur et s'écoulent dans mon souffle. Je fais partie de Lui, à chaque instant de chaque jour. »

Apprenez à raisonner de cette façon. De même que le Seigneur Krishna le demande à Arjuna dans la Bhagavad Gita, apprenez à ancrer votre conscience dans Ce qui est immuable – de manière à ce que, selon les mots

Manifester la conscience divine au quotidien

de notre Guru, vous puissiez « rester inébranlables au milieu du fracas des mondes qui s'écroulent ». Peu importe les expériences par lesquelles vous passez dans le monde matériel, ni quelles leçons vous apprenez à travers ces expériences, que votre conscience soit toujours centrée sur cette unique Réalité – la seule chose qui ne vous fera jamais défaut, qui est immuable et éternelle : Dieu et votre relation avec Lui.

LE GRAND SAMADHI
DE PARAMAHANSAJI EN 1948

Dieu devint tellement réel pour ceux d'entre nous qui vivions auprès du Maître, non seulement parce qu'il nous formait à la méditation et à la vie spirituelle, mais aussi grâce aux manifestations de la nature infinie de Dieu que nous voyions s'exprimer chez notre Guru lui-même. J'aimerais ici relater l'une de ces expériences.

C'était une fin d'après-midi de 1948. Nous étions occupés par notre travail de bureau ou nos tâches à l'ashram du Mont Washington, lorsque le Maître appela quelques-uns d'entre nous à venir dans ses appartements. Nous vîmes à son expression que son esprit s'était complètement retiré dans la conscience de Dieu. Nous entrâmes sans faire de bruit et il nous fit signe de nous asseoir sur le sol. Nous nous assîmes et commençâmes à méditer.

Le Maître priait la Mère divine du fond du cœur. Il conversait intimement avec Elle. Il Lui faisait part de tous les problèmes qui devaient encore être résolus dans son organisation, de tous les soucis qui pesaient sur lui avec la création de celle-ci. Il savait qu'il ne lui restait pas beaucoup d'années à demeurer dans sa forme physique et que beaucoup de choses restaient encore à accomplir.

Ensuite, il se déplaça dans la pièce adjacente et s'assit dans le grand fauteuil qui s'y trouvait. Il demanda qu'on lui apporte une mangue pour la partager avec nous. Lorsqu'il commença à préparer la mangue, sa conscience tout entière s'absorba intérieurement en Dieu. Et nous fûmes alors les témoins privilégiés de ce qui n'arrive peut-être que très rarement dans ce monde.

Au cours de ce *samadhi* du Maître, qui dura toute la nuit jusqu'à peu près vers huit heures le lendemain matin, nous vîmes le Maître converser avec Dieu, avec la Mère divine – et nous entendîmes la Mère divine se servir de la voix du Maître pour répondre de façon audible. Nous entendions les mots que le Maître Lui adressait de sa voix normale et

Manifester la conscience divine au quotidien

lorsque la Mère divine répondait, la voix du Maître était légèrement changée : elle avait alors une tonalité différente, un timbre vraiment distinct.

Ainsi qu'il nous le dit alors : « Pendant ce *samadhi*, Dieu vous accorde à vous tous une bénédiction très spéciale, celle de partager mon expérience. » Et c'était une expérience tellement prodigieuse. À un moment, la Mère divine lui montra les étendues illimitées de l'infini. Il dit alors que sa conscience filait à travers le cosmos, s'étendant jusqu'aux confins de l'éternité et nous l'entendîmes dire à la Mère divine :

« Est-ce la fin de l'Infini ?

— Oui, c'est la fin, et seulement le commencement » répondit-Elle.

Ensuite, sa conscience parcourut encore infiniment plus de distance et, de nouveau, il demanda :

Manifester la conscience divine au quotidien

« Est-ce la fin ?

— Oui, et seulement le commencement » répondit-Elle à nouveau.

Pendant tout le temps que dura ce *samadhi*, la Mère divine aborda de nombreux sujets relatifs à l'avenir de cette organisation. Le Maître nous dit alors que Sa bénédiction et les bénédictions du Guru seraient toujours avec cette dispensation spéciale que représente la SRF/YSS et qu'elles seraient toujours accordées aux âmes qui viendraient se désaltérer au divin nectar de la présence de Dieu.

Lorsque le Maître sortit de son expérience avec l'Infini pour revenir dans ce monde, il nous dit ceci : « À partir de maintenant, je serai toujours intérieurement dans cet état de conscience, mais personne ne le saura, personne ne le verra. »

Manifester la conscience divine au quotidien

À partir de ce moment-là, le Maître eut maintes fois des expériences très profondes avec Dieu. Il nous disait : « Vous voyez comment est ma vie maintenant. Si vous pouviez avoir ne serait-ce qu'un aperçu de ce que je ressens intérieurement tout le temps désormais, vous ne voudriez pas vous reposer, ni le jour ni la nuit, tant que vous n'auriez pas atteint cette conscience de Dieu. » Il nous parlait ainsi pour essayer de nous stimuler, de nous sortir de la léthargie créée par l'illusion et l'ignorance qui nous fait croire que nous devons passer tellement de temps à nous occuper du corps, tellement de temps à dormir et à oublier Dieu. « Si jamais la Mère divine vous faisait partager ne serait-ce qu'un tout petit peu de cette Lumière, de cette Joie, de cet Amour et de cette liberté infinis que je ressens maintenant, disait-il, vous ne voudriez pas vous reposer avant d'avoir atteint cet état. »

NE LAISSEZ PAS MAYA CONTINUER À VOUS TROMPER

S'il y a une seule pensée, un seul message, que je souhaite plus que tout vous voir retenir, ce sont ces paroles du Maître – afin de vous secouer, comme il a cherché à le faire avec nous, et de vous aider à sortir d'un état d'indolence spirituelle pour développer un plus grand désir de Dieu, pour faire un plus grand effort pour méditer profondément et suivre le chemin que notre Guru béni et la lignée des Gurus nous ont tracé.

Ces enseignements conduisent réellement à ce But divin. Nous avons vu leurs résultats se manifester pleinement dans la vie de notre Guru – et de manière moindre dans nos propres

Manifester la conscience divine au quotidien

vies, de sorte que nous pouvons, avec le Guru, transmettre ce témoignage : même un petit aperçu de cet amour, de cette joie et de cette plénitude infinis qui viennent de Dieu vous apportera ce que rien d'autre – aucune quête ou satisfaction humaines – ne pourra vous donner. Essayez de le trouver. Faites un effort sincère pour en faire l'expérience dans votre vie.

Ne laissez pas l'illusion, ou *maya*, ou Satan, continuer à vous tromper en vous enchaînant et en vous limitant aux petites expériences du corps humain – aux désirs et objets temporels du monde physique. Accordez du temps à Dieu. Sur les vingt-quatre heures qui nous sont données chaque jour, ne pouvons-nous pas trouver même une heure pour Celui qui nous a créés ? Dès que vous vous réveillez, laissez vos pensées aller vers Dieu et demeurer en Sa présence. Ensuite, essayez de conserver

Manifester la conscience divine au quotidien

cet état de conscience tout au long de la journée. De nouveau, le soir, juste avant de vous coucher, méditez et laissez votre conscience reposer en Lui. Si vous accordez à Dieu ne serait-ce qu'une heure de votre temps dans la journée pour méditer profondément en faisant un effort sincère, vous verrez combien votre vie se transformera.

Notre Guru avait l'habitude de dire : « Dans ces petits intervalles où vous n'avez ni engagement, ni responsabilité, ne perdez pas votre temps en allumant toujours la radio ou la télévision ou encore en téléphonant pour bavarder avec un ami. Utilisez plutôt ces petits moments pour contacter Dieu. Même si c'est juste pour une ou deux minutes, asseyez-vous et méditez, ou tournez votre conscience à l'intérieur et laissez vos pensées reposer en Dieu. Dans ces moments-là, ressentez tellement de dévotion,

Manifester la conscience divine au quotidien

d'amour et de désir ardent pour Dieu que le monde entier finira par s'effacer et que vous saurez que c'est Lui qui est l'unique réalité. »

La seule véritable relation est la relation de votre âme avec l'Esprit – l'unité de votre âme et de tout votre être avec Dieu. Ainsi, Paramahansaji nous disait : « Dans ces petits moments de liberté, si vous offrez tout votre amour à Dieu, vous ressentirez bien mieux Sa réponse divine. Et vous verrez combien cet amour satisfait et remplit pleinement votre vie. »

Pour cela, une seule chose est nécessaire et que personne ne peut vous donner : vous devez stimuler vous-mêmes votre volonté et vos efforts pour pratiquer ce que notre Guru nous a enseigné. Je peux vous promettre que de même que la Mère divine a satisfait tous les besoins – tous les petits caprices, pourriez-vous dire – qui pouvaient passer par la tête du

Maître, de même Dieu le fera aussi pour vous. Vous devez travailler et assumer vos responsabilités dans ce monde. Dieu n'attend pas de vous que vous les négligiez – et vous n'avez pas à le faire. Vous verrez, comme je le disais au début, qu'en vous rapprochant de Dieu vous devenez un être humain plus accompli et plus équilibré. Vous pouvez alors remplir vos responsabilités de manière plus adéquate. Vous pouvez aimer les autres de manière plus pure et votre relation avec les autres s'améliore en conséquence. Votre compréhension commence à s'éclaircir, de sorte que, quelles que soient les circonstances auxquelles vous êtes confrontés dans la vie, vous avez une vision plus claire de la situation et vous savez comment guider votre existence à travers le labyrinthe de ces expériences. Dieu vous montrera la voie.

Manifester la conscience divine au quotidien

Lorsque vous commencez à éliminer de votre conscience les résidus de toutes ces limitations dont nous avons parlé ce soir, c'est comme un brouillard qui se dissipe. Tout devient alors plus clair. Votre devoir envers le monde, la famille, l'humanité, Dieu – tout commence à être mis en perspective et vous constaterez que vous pouvez vous acquitter de toutes les responsabilités que Dieu vous a données dans le rôle particulier qu'Il vous a attribué dans l'incarnation présente.

Pour cela, ne permettez pas que ces paroles soient uniquement une source d'inspiration momentanée, mais faites l'effort de les convertir en réalisation, en atteignant vous-mêmes l'objectif de cette voie spirituelle, c'est-à-dire l'unité éternelle, la communion quotidienne et de chaque instant, avec cette réalité qu'est Dieu. Ne permettez jamais que Dieu ne soit qu'un mot pour vous. Ne soyez jamais satisfaits tant que ce mot ne se sera pas transformé en réalisation, en expérience dans votre esprit, votre cœur et votre âme.

DEUXIÈME PARTIE

Les bénédictions que le Kriya Yoga apporte dans la vie de tous les jours

Mrinalini Mata donna cette conférence lors d'une de ses six visites en Inde où elle aidait à répandre l'œuvre de Paramahansa Yogananda.

Dans ce monde de dualités et de relativités, dans lequel nous trouvons tellement de souffrances, de chagrins, de douleurs et de tourments, le besoin d'avoir une connaissance scientifique qui nous apprenne comment vivre se fait particulièrement sentir. Nous avons besoin d'une science qui ne serait pas là pour uniquement nous apporter davantage de

Manifester la conscience divine au quotidien

prospérité ou de « gadgets » matériels, mais une science de l'art de vivre. C'est ce qui manque à l'humanité et ce qui est à l'origine de tous les problèmes et les troubles que traverse notre monde aujourd'hui. Et c'est ce que notre Guru, Paramahansa Yogananda, a apporté à l'Occident dans ses techniques du *Kriya Yoga*.

À travers les âges, la science de l'art de vivre a été accordée à l'humanité à plusieurs reprises. Dieu doit avoir une nature d'une infinie patience, sinon comment Dieu (dont nous parlons en tant que Mère divine) pourrait-Il continuer à être rempli d'un amour et d'une tolérance sans fin pour Ses enfants, en leur rappelant patiemment : « Ceci est Mon univers ; Je l'ai créé. J'ai fait en sorte qu'il soit bon et beau. Je vous ai tous créés. J'ai fait de *vous* des êtres bons et beaux. Maintes et maintes fois, Je vous ai dit dans les textes sacrés,

Manifester la conscience divine au quotidien

comme à travers les voix et les exemples des avatars et des saints, ce que vous devez faire dans ce monde pour le conserver dans toute sa beauté et pour continuer à vivre en harmonie avec Moi, de manière à ce que vous fassiez se manifester Ma beauté, Ma joie, Ma paix et Ma prospérité sur cette terre, que J'ai créée et que, seul, Je maintiens en vie. Et, cependant, qu'avez-vous fait de ce monde ? »

De tant de façons, la culture moderne, fortement influencée par *maya*, a essayé de faire disparaître Dieu, de L'éliminer d'une vision « scientifique » du cosmos et de la vie quotidienne. Cependant, le monde ne connaîtra jamais le bonheur, la paix ou la libération de la souffrance de manière durable tant que les hommes refuseront de voir Dieu comme la Réalité suprême de cette création, qui n'existe

Manifester la conscience divine au quotidien

et n'est maintenue en vie que par Sa pensée infinie.

LA CAUSE DE NOTRE SOUFFRANCE

Dans l'esprit de tous ceux qui souffrent vient le moment des questions et des doutes lorsqu'ils se mettent à penser : « S'il existe un Dieu, pourquoi permet-Il cette souffrance ? Pourquoi ce chagrin est-il entré dans ma vie ? Est-ce que Dieu entend mes prières ? » Et lorsque nous voyons des millions d'êtres humains éprouvés par de terribles catastrophes, des guerres ou des cataclysmes, nous ne pouvons nous empêcher de penser : « Où est Dieu ? Nous a-t-Il simplement jetés, nous la multitude des êtres humains, dans ce monde hostile pour ensuite Se retirer ? »

Dieu *est* là. Il écoute et Il répond. Nous en voyons l'illustration dans la vie des saints et des maîtres réalisés. Même une personne ordinaire qui entre en contact juste pour un instant avec cette Conscience infinie (peut-être lorsque l'une de ses prières a été exaucée) entrevoit cette vérité et ressent : « Ah, Dieu *est bien* réel ; Il répond ! » La pensée superficielle moderne dira que cela n'est « pas scientifique ». Mais des êtres réalisés, comme notre gurudeva, Paramahansa Yogananda, affirment qu'il existe une science d'une grande profondeur qui répond parfaitement à toutes nos questions sur la vie. C'est la science du yoga.

Dieu ne S'est pas retiré. Il nous a créés à Son image ; Il a introduit une parcelle de Sa Conscience infinie dans une individualité et dit : « Maintenant, tu es une âme et Je t'envoie dans Mon monde où règne *maya* afin d'y exprimer une partie de Ma Nature infinie. » Il nous a créés non pas seulement comme des êtres

Manifester la conscience divine au quotidien

faits de pure conscience et individualisés en tant qu'âme, mais comme des êtres enveloppés dans des corps délimités faits d'énergie vitale astrale et ensuite de matière physique, qu'Il a placés au milieu d'un vaste cosmos constitué d'objets et d'énergies matériels. Mais qu'est-il advenu ? L'être humain s'est fait prendre dans les filets de *maya*. Paramahansaji avait l'habitude de parler de *maya* comme de l'hypnose cosmique. Afin de jouer le drame de la création, le Seigneur suggère avec force à notre conscience que ce monde est réel et que nous sommes séparés de Lui. Parce que cette suggestion est très forte, nous le croyons – nous ne voyons que le résultat final du processus de création cosmique : le monde physique et nos frêles corps physiques. Ainsi, nous oublions notre origine, nous oublions que nous venons de Dieu et que notre nature divine, immortelle et bienheureuse, est inséparablement liée à Lui. C'est pour cela que nous commençons à souffrir. Mais il y a une manière de nous en sortir. Les lois cosmiques que Dieu a mises en action lorsqu'Il Se créa Lui-même en tant que cette multitude – lorsqu'Il a projeté en dehors de Son propre Soi et en apparence loin de Lui cette infinité d'êtres individualisés et la Nature –, ces mêmes lois divines fonctionnent en sens inverse. Et la *mise en pratique* de cette connaissance forme l'essentiel de la science du yoga.

RÉTABLIR LE VÉRITABLE YOGA COMME UN MODE DE VIE SPIRITUEL ÉQUILIBRÉ

Le yoga dans son acception la plus élevée signifie « union ». Il permet de réaliser que l'âme individualisée est unie à Dieu, comme elle l'a toujours été et le sera à jamais. La science du

Manifester la conscience divine au quotidien

yoga a été louée par ses pratiquants car dès que l'on commence à appliquer les lois qui rétablissent de manière consciente les liens par lesquels on est éternellement un avec Dieu, on commence également à attirer en soi les qualités infinies de Dieu. Par exemple, la paix de Dieu est la première expérience que fait le yogi qui médite.

Cependant, à travers les siècles, la pratique du yoga devint très complexe, très obscure – impossible à insérer ou à appliquer dans la vie quotidienne – car certains pratiquants, en appliquant les lois divines qui permettent d'inverser le cours de la conscience extériorisée pour qu'elle retourne à Dieu, virent qu'en complément de ce processus ils développaient des pouvoirs et des facultés « surnaturels ». Ils travaillaient avec les lois mêmes qui rendirent possible la création de la matière et l'enfermement de l'être humain dans un corps physique et, en étant en contact avec ce pouvoir créateur, ils commencèrent à développer de prodigieuses facultés pour faire à la fois le bien et le mal dans ce monde. Ainsi, ils avaient non seulement la capacité de percevoir la Vérité et la manière de s'unir à Dieu, mais ils bénéficiaient aussi de perceptions psychiques des mondes astraux de lumière dont est issu ce monde physique, ainsi que de divers autres pouvoirs psychiques. Étant donné que la nature de l'être humain ordinaire, son ego, le pousse généralement à se perpétuer lui-même et à exprimer ses aptitudes dans ce monde de *maya* auquel il est si attaché, beaucoup pensèrent que le yoga était une science de pouvoirs et de facultés surnaturels, oubliant ainsi que le yoga est en réalité la science de l'âme : la science qui permet à l'âme de retrouver sa conscience divine d'unité avec Dieu.

En ce sens, le yoga est très simple. C'est une manière de vivre, de penser et de se comporter – et encore plus que cela, c'est une manière de se transformer. Il s'agit d'une véritable transformation de soi. Le but de la science du *Kriya Yoga*, dont nous parlons ce soir, n'est pas le développement de pouvoirs psychiques, ni nécessairement la faculté d'obtenir de grandes réussites dans ce monde. Mais c'est réveiller l'image du Divin qui dort en nous et c'est réaliser, comme les textes sacrés le disent : *Tat tvam asi*, « Tu es Cela » – en évitant tout ce qui vous distrait ou vous éloigne de cet accomplissement qui vous comblera totalement. Guruji avait l'habitude de dire que lorsque vous cherchez Dieu sincèrement, vous devez traverser le jardin des phénomènes et des pouvoirs astraux sans vous y arrêter si vous voulez atteindre le palais où Dieu demeure.

LE KRIYA YOGA : UNE DISPENSATION ACCORDÉE AU MONDE MODERNE

C'est en 1861, dans l'Himalaya, près de Ranikhet, que Mahavatar Babaji ressuscita l'ancienne science perdue du *Kriya Yoga* et qu'il l'enseigna à ce grand saint que nous appelons *Yogavatar* (« Incarnation du Yoga ») : Lahiri Mahasaya de Bénarès. Babaji lui donna l'autorisation de l'enseigner non seulement aux ascètes solitaires qui ont fait vœu de complet renoncement, comme dans le passé, mais également à des fidèles sincères possédant des responsabilités dans le monde – « à tous ceux qui demandent humblement de l'aide ». Puis, en 1894, l'un des principaux disciples de Lahiri

Manifester la conscience divine au quotidien

Mahasaya, Swami Sri Yukteswar, rencontra Babaji à la *Kumbha Mela*. Babaji dit alors à Sri Yukteswarji que, quelques années plus tard, il lui enverrait un *chela* (disciple) à former, un disciple qu'il avait choisi pour faire connaître la science du *Kriya* en Occident. Plus tard, en 1920, le Mahavatar dit personnellement à notre gurudeva, Paramahansa Yogananda : « Tu es celui que j'ai choisi pour répandre le message du *Kriya Yoga* en Occident. Il y a longtemps, j'ai rencontré ton guru, Yukteswar, à la *Kumbha Mela*. Je lui dis alors que je t'enverrais à lui pour recevoir une formation spirituelle. »

Babaji avait prévu que le temps viendrait où le monde devrait abandonner ses divisions, ses haines sectaires, sa laïcité – qu'avec les avancées des connaissances scientifiques et des technologies au cours de cette ère ascendante, les hommes devraient apprendre à vivre en

Manifester la conscience divine au quotidien

harmonie sinon ils se détruiraient eux-mêmes. En faisant connaître le *Kriya Yoga* à l'Occident, l'essence même de la Vérité – qui a toujours été cultivée et protégée par cette mère-patrie de la spiritualité qu'est l'Inde – se répandrait finalement comme une grande lumière sur le monde entier et apporterait progressivement la paix, la compréhension, l'unité, l'harmonie et la fraternité.

LE KRIYA YOGA EST UNE VOIE FAITE DE LOI ET D'AMOUR

Guruji a d'abord reçu la technique du *Kriya* alors qu'il était enfant car ses deux parents étaient disciples de Lahiri Mahasaya. Cependant, plus tard, quand il rencontra Swami Sri Yukteswar à l'âge de dix-sept ans et reçut de son maître la technique du *Kriya* en tant que *diksha* – l'initiation spirituelle accordée par le guru lorsqu'il accepte un disciple – Paramahansaji dit alors qu'il n'avait jamais reçu auparavant autant de bénédictions et autant de force de la technique du *Kriya*.

Pourquoi ? Parce qu'en cherchant Dieu, comme nous l'enseignent les textes sacrés de l'Inde, trois éléments sont nécessaires. En premier lieu, l'effort du *chela* : il représente vingt-cinq pour cent du total requis pour réussir dans la voie spirituelle. En deuxième lieu, les bénédictions du guru représentent également vingt-cinq pour cent. Un effort important est demandé au *chela*, mais un pourcentage équivalent de ses progrès provient de l'aide et de l'intercession du guru qui soutient le *chela* tout au long du chemin. Et le troisième élément nécessaire est la grâce de Dieu, qui représente cinquante pour cent du total. Nul n'a trouvé Dieu sans passer par le canal d'un guru envoyé par Dieu ; c'est la loi divine. Et cette loi représente une partie essentielle de la science du *Kriya Yoga*.

La voie du *Kriya Yoga* menant à Dieu est faite de loi et d'amour. La loi est nécessaire car si nous allons contre les lois de Dieu (telles qu'elles sont exposées dans les Dix Commandements de la Bible ou le *yama-niyama* du Yoga), nous nous laissons prendre dans les filets du karma et de la souffrance illusoire dont il est difficile de s'extraire. L'observance suprême de la loi spirituelle est la *sadhana* – le chemin de la discipline spirituelle et plus particulièrement la pratique de la technique de salut du *Kriya Yoga*, transmise au *chela* par le guru. Lorsque le *chela* suit sa *sadhana* en faisant fidèlement et assidûment ce que son guru lui a enseigné, il applique la loi.

Manifester la conscience divine au quotidien

En même temps que la loi, le *chela* doit aussi mettre en pratique l'amour. De quelle manière merveilleuse Guruji avait l'habitude de dire que Dieu a créé ce monde et que tout ce qui est dans ce monde Lui appartient. Tout est à Lui. Il n'y a qu'une seule chose que Dieu ne possède pas : l'amour de Ses enfants. Nous pouvons choisir de L'aimer ou de L'oublier. Cela fait partie de l'individualité qu'Il nous a donnée. Cependant, à cause de cet oubli de Dieu, de façon ô combien douloureuse nous nous sommes empêtrés dans les mailles du filet de *maya*, en nous attachant à l'apparente réalité de ce monde de dualités et de souffrances !

Notre Guru disait que, lorsqu'il commença à pratiquer le *Kriya*, un amour et un désir croissants pour Dieu s'éveillèrent en lui. Il acquit la compréhension grandissante que l'Amour divin est l'unique Réalité, l'unique Vérité dans

Manifester la conscience divine au quotidien

ce monde de dualité et de relativité créé par la force extériorisée de *maya*. Le *Kriya Yoga* est véritablement efficace et complet, car, dans la vie du disciple, il met en œuvre l'amour de Dieu : ce pouvoir universel à travers lequel Dieu attire toutes les âmes pour qu'elles se réunissent de nouveau à Lui.

Il y a une profonde science métaphysique derrière tout cela. Par le pouvoir vibratoire de Sa pensée, Dieu a créé la Parole cosmique, l'*Aum*, la vibration qui est la structure sous-jacente de toute la création. Grâce à cette grande force, Il projeta dans l'espace la création – faite des vibrations de Son propre Être – et lui donna la capacité d'avoir une expression infinie et individualisée. Mais, en même temps, Dieu dit : « Je ne laisserai pas Ma création s'éloigner de Moi pour toujours. Je ne la laisserai pas errer dans l'éternité et être séparée de ma Conscience infinie. Je suis Moi-même dans cette vibration de l'*Aum* (et par conséquent dans toutes ces formes infiniment variées élaborées à partir de cette Vibration créatrice originelle) en tant qu'Amour – en tant que pouvoir d'attraction qui neutralise la force opposée exercée par *maya* et qui permettra à toute la création et à tous Mes enfants de se souvenir de Moi et de Me reconnaître. »

Ainsi, l'Amour divin est la force universelle, le pouvoir magnétique agissant dans la création, qui empêche l'univers de se transformer en chaos – la force qui permet aux planètes, aux galaxies et au cosmos lui-même de tourner suivant des cycles ordonnés. C'est la force de l'évolution qui engendre des formes de vie toujours plus organisées, possédant la capacité croissante de manifester une conscience de plus en plus élevée. Ce même pouvoir magnétique de l'amour de Dieu opère en chaque être humain, à un degré plus ou moins grand suivant que celui-ci choisit de répondre à cet Amour ou de l'ignorer.

Le pouvoir du *Kriya Yoga* réside dans l'application scientifique de ces lois métaphysiques. Pourquoi nous laissons-nous prendre au piège de *maya* ? Parce que cette même force extériorisée de la création qui opère dans tout l'univers agit également dans nos formes individuelles. Entraînées par cette force, nos âmes perdent la conscience de leur unité avec Dieu. Nous avons été créés en ayant la capacité de vivre dans le corps comme des êtres divins : des âmes faites à l'image parfaite de Dieu. Mais, à partir du moment où notre conscience quitte le trône de l'Esprit – dans le *sahasrara* ou « lotus aux mille pétales » dans le cerveau – et descend à travers les *chakras* spinaux de vie et de

Manifester la conscience divine au quotidien

conscience, puis se tourne vers l'extérieur à travers le système nerveux du corps, elle n'est plus une âme. Elle est maintenant l'ego, *ahamkara*, identifié aux sens et au corps et enfermé dans l'illusion. C'est dans cet état que l'être humain pense : « Je suis ce corps. Je perçois toute chose à travers ces cinq sens. Je souffre et je jouis de la vie dans cette forme. J'accomplis ceci et cela dans le monde ; je désire ceci et cela de la part du monde ; j'ai acquis ces possessions qui sont maintenant miennes. » *Je, moi, mien* : tous les problèmes de l'homme commencent avec cet état de conscience ordinaire de l'ego s'identifiant au corps.

Le *Kriya Yoga* est la science grâce à laquelle Dieu dit à l'homme : « Tu vois le chemin par lequel, en te tournant vers l'extérieur, tu as été pris dans le piège de l'illusion ; maintenant, voici le chemin grâce auquel, en te tournant vers l'intérieur, tu peux te libérer. » Le *Kriya Yoga*, pratiqué avec les bénédictions du Guru, accordées au moment de la *diksha* (initiation), inverse le flot du pouvoir vibratoire créateur s'écoulant vers l'extérieur du corps afin d'intérioriser la conscience et la force vitale de l'homme et de les faire monter à travers les *chakras* de l'épine dorsale. Ce faisant, le flot du pouvoir vibratoire suit en sens inverse le même chemin par lequel il était descendu dans le corps et les sens pour siéger à nouveau au centre de son être spirituel dont l'état de conscience divine est infini.

LA SIMPLICITÉ DE LA VOIE DU KRIYA

Ce n'est pas possible en quelques phrases de décrire convenablement tout ce processus.

Manifester la conscience divine au quotidien

De nombreux volumes ont été écrits sur les subtilités de la science du yoga et comment ses techniques de *pranayama* (maîtrise de la force vitale) agissent pour ramener notre conscience vers Dieu. Il faudrait sans doute plus d'une vie pour les lire et les assimiler ! Cependant, la *pratique* du *Kriya* est très simple. Le disciple n'a pas à comprendre tous les aspects métaphysiques qu'elle comporte. Après tout, est-ce que c'est nous qui assumons la bonne marche de l'univers créé par Dieu ? Les lois de la physique ne fonctionnent-elles que lorsque nous leur disons comment fonctionner ? Non, évidemment ! Les lois cosmiques fonctionnent en permanence que nous sachions ou non comment elles fonctionnent.

Ainsi, lorsque nous pratiquons le *Kriya* – et que nous appliquons non seulement la loi, telle qu'elle se concrétise dans la technique, mais aussi l'autre élément fondamental dont j'ai parlé plus haut, c'est-à-dire l'amour de Dieu, un désir ardent de Dieu dans notre cœur – alors, automatiquement, les profonds principes métaphysiques de la science du yoga sont mis en œuvre. En pratiquant la technique de *pranayama* du *Kriya Yoga*, qui « magnétise » la colonne vertébrale, notre concentration s'intériorise. Et lorsque notre esprit est concentré sur Dieu, que notre cœur éprouve de la dévotion et que nous pratiquons la technique très simple du *Kriya*, automatiquement – sans même avoir besoin de connaître les chemins compliqués par lesquels le *prana* monte et descend le long de la colonne vertébrale ou de savoir comment la conscience passe à travers les *chakras* (correspondant à des aspects toujours plus subtils de la

Vibration créatrice de l'*Aum*) ou encore de savoir ce qu'il se passe dans l'œil spirituel (*kutastha*) – les lois divines œuvrent pour diriger la conscience à l'intérieur sur l'autel de la perception de Dieu. On est alors en parfaite union avec cette grande force vibratoire qu'est l'amour de Dieu – cette force d'attraction magnétique présente dans la création et en chaque âme. Lorsque par la dévotion et une pratique correcte et assidue du *Kriya* – pendant des années si nécessaire –, l'attraction magnétique de la force se dirigeant vers l'intérieur devient plus forte chez le disciple que la force de *maya* se dirigeant vers l'extérieur et qui l'a hypnotisé au point de lui faire croire que le corps et le monde physiques sont réels, le disciple peut alors entrer à volonté dans l'état d'intériorisation où il communie avec Dieu.

LE CALME INTÉRIEUR APRÈS LA PRATIQUE DU KRIYA : LA VÉRITABLE ADORATION DU DIVIN

La Bible enseigne : « Restez tranquilles et sachez que je suis Dieu. » En Inde, les textes sacrés parlent ainsi du Bien-Aimé divin : « Je suis cette tranquillité au-delà de tout mouvement, de toute vibration, de toute forme. » Quand le disciple est profondément calme et concentré, il entre dans ces états dont Patanjali parle dans les *Yoga Sutras* comme étant *pratyahara* et ensuite *dharana* dans lesquels l'esprit n'est plus conscient du corps ou de quoi que ce soit de son environnement extérieur, c'est-à-dire libéré de tout obstacle pouvant le distraire. Et quand on se sert de cette attention concentrée à l'intérieur de soi pour la diriger totalement sur Dieu, on se trouve dans l'état que Patanjali appelle *dhyana*, la véritable méditation. Comme par un aimant puissant, la conscience a été attirée à l'intérieur de sorte que, au moins momentanément, nous nous élevons au-dessus de l'ego et oublions le corps. Dans ce calme intérieur, nous commençons à sentir la présence du Divin – et à réaliser que nous n'avons jamais été, même pour un instant, séparés de l'Esprit.

Dans cet état, la première manifestation de Dieu que nous expérimentons est généralement la paix, une paix « qui surpasse tout entendement », une paix qui est parfaitement apaisante – non pas un état négatif de vide mental, mais un état de conscience et de perception aigües. Et au disciple qui continue d'appeler Dieu de tout son être en étant dans cet état de paix et de tranquillité, le Seigneur répondra sous la forme ou l'aspect qui est le plus cher à son cœur, à ses désirs et à ses besoins. Comme le Seigneur Krishna a dit dans la Gita : « Quel que soit l'aspect sous lequel le disciple M'adore, c'est sous cet aspect que Je viendrai à lui. »

Nous ne pouvons véritablement adorer Dieu au cours de cérémonies, de chants ou de tout autre manière qui retient notre attention à l'extérieur. La vraie *puja*, le vrai *yajna* (sacrifice ou accomplissement de rite sacré), est la science du *Kriya Yoga* dans laquelle le disciple fait l'unique offrande qui touche réellement le Cœur divin : « Seigneur, dans le feu de l'Esprit que je perçois en moi, je jette à jamais toutes les manifestations négatives de mon ego (mes faiblesses, mon égoïsme, mes désirs et ambitions personnels, mes mauvaises habitudes et mes imperfections) afin qu'elles soient à jamais brûlées dans le feu de l'éveil divin de ton Esprit qui vit en moi. » C'est là la véritable adoration de Dieu, la vraie *puja*, qui a lieu à l'intérieur de nous.

COMMENT ÊTRE ANCRÉ EN DIEU TOUT EN ÉTANT ACTIF DANS LE MONDE

Je peux peut-être vous donner un aperçu plus juste des effets de la science du *Kriya Yoga* en vous donnant des exemples de ce que cette science a produit dans la vie des autres. Comme nous l'avons vu se manifester dans la vie de notre Gurudeva au cours de tant d'années, le *Kriya Yoga* lui permettait d'être toujours ancré intérieurement dans la conscience divine. En même temps, il était très actif dans le monde, en servant Dieu et l'humanité. Il concrétisait ainsi l'idéal, fait de méditation et d'actions justes, proposé par le Seigneur dans la Bhagavad Gita. Le Seigneur dit ceci : « Je vous ai placé ici Mes enfants. Vous devez être Mes instruments, Mes représentants divins pour faire de ce monde un endroit meilleur, pour vous aimer et vous aider les uns les autres. Votre premier devoir est de chercher votre propre salut, mais après avoir commencé à goûter à la douceur de Mon Être, partagez cela avec tous. Élevez en esprit vos frères et sœurs souffrants – ceux qui sont dans les ténèbres, l'illusion et l'ignorance – afin qu'ils ne commettent plus les erreurs qui ont causé leurs souffrances. »

C'était là toute la vie de Guruji: intérieurement, il était un *bhakta*, complètement immergé dans la dévotion, mais extérieurement il était un *karma yogi* qui travaillait sans relâche pour tous les hommes de ce monde – afin que vous, moi et d'innombrables âmes dans tous les pays puissent entendre son message et sachent qu'il

Manifester la conscience divine au quotidien

existe une voie permettant non seulement d'apprendre à connaître Dieu, mais surtout de communier avec Lui.

Le *Kriya Yoga* nous donne la possibilité de servir avec bien plus que de simples mots. Comme Guruji en a fait la démonstration, cette science nous révèle que, lorsque nous contactons l'être infini de Dieu dans le calme de la méditation, une parcelle de cette Divinité devient une part de nous-mêmes. Quand la méditation est terminée et que nous retournons à notre rôle dans ce monde, nous nous apercevons que nous avons emporté avec nous quelques-unes des qualités divines de Dieu. Après avoir puisé dans Sa sagesse, nous sommes plus aptes à saisir le sens de la vie, à comprendre les autres, à considérer sous un autre œil nos problèmes quotidiens et à trouver les bonnes solutions. Après avoir absorbé

Manifester la conscience divine au quotidien

en nous l'amour de Dieu, nous devenons capables de pardonner à ceux qui nous ont fait du tort. Guruji disait que l'on devait combattre le mal dans ce monde ; on ne doit en aucune façon aider ou encourager le mal ou les mauvaises actions qui enfreignent les lois divines établies par Dieu. Mais, disait-il, tout en condamnant les méfaits commis par les autres, aimez et pardonnez l'auteur du méfait, en prenant conscience qu'il est un enfant de Dieu pris au piège de l'illusion. Imaginez quelle unité, quel sentiment de fraternité et d'harmonie pourraient voir le jour si nous pouvions partager un petit peu de cet amour divin. Le véritable *kriya yogi* est capable de faire cela – et aussi de faire siennes d'autres qualités de Dieu comme Sa paix et Son calme infinis. Le *kriya yogi* est capable, comme l'exprimait si merveilleusement Guruji « de rester inébranlable au milieu du fracas des mondes qui s'écroulent ».

Seul Dieu est immuable. Toute chose dans Sa création matérielle que nous percevons et dont nous faisons l'expérience est en changement constant. Le changement nous effraie et nous irrite, mais le *kriya yogi*, ancré dans Ce qui est sans changement, est capable d'assumer ses devoirs et ses responsabilités dans la vie tout en gardant en lui la paix et le calme qui l'aident à mieux faire face à ses problèmes et soucis. Et comme il peut surmonter ses propres problèmes, il lui est plus facile d'aider les autres à le faire.

Manifester la conscience divine au quotidien

LES BÉNÉDICTIONS APPORTÉES PAR LE KRIYA YOGA DANS LA VIE DES DISCIPLES DE PARAMAHANSAJI

Nous avons vu les effets du *Kriya Yoga* non seulement dans la vie de notre divin Gurudeva, mais aussi chez ses successeurs spirituels. Rajarsi Janakananda était l'auteur d'une des grandes réussites matérielles de l'Occident. Il était le président de l'une des plus importantes sociétés de souscription d'assurances aux États-Unis et il possédait de nombreuses autres affaires. Cependant, avant de connaître Gurudeva, en 1932, sa santé et son bien-être avaient été mis à mal par la matérialité et la nervosité. Lors de leur première rencontre, Gurudeva lui donna la *diksha* du *Kriya Yoga* et dès sa première pratique du *Kriya*, Rajarsi entra en *samadhi*. Gurudeva disait qu'il pouvait atteindre

Manifester la conscience divine au quotidien

cet état parce qu'il avait été un yogi dans des vies antérieures et qu'il avait déjà accumulé beaucoup de bon karma. Mais il n'avait pas quitté le monde pour autant. Guruji disait que le rôle de Rajarsi, de même que Lahiri Mahasaya en Inde l'avait démontré, était d'être dans le monde mais pas de ce monde. Il pouvait ainsi montrer les effets que peut avoir le *Kriya* chez ceux qui assument des responsabilités dans le monde en tant que chefs de famille.

Dès que Rajarsi en trouvait le temps au milieu de ses nombreuses activités à Kansas City, il venait à l'ashram de Guruji à Encinitas au bord de l'Océan Pacifique. Nous pouvions alors y voir Rajarsi assis dehors pendant des heures au soleil au plus fort de l'été ou parfois quand il commençait à pleuvoir, tout simplement plongé dans l'état de *samadhi*. Il aimait beaucoup nager dans

Manifester la conscience divine au quotidien

l'océan et pratiquer *matsyasana* – « la posture du poisson » dans laquelle on se couche sur le dos dans la posture du lotus – et, tel un bouchon de liège, il flottait alors sur les vagues en *samadhi*. Nous le voyions rester ainsi pendant des heures dans cet état. Et il conservait cette communion intérieure dans toutes ses occupations [1].

À cette époque, nous vîmes également que Gurudeva mettait en avant Sri Daya Mata qui était venue à lui en 1931 alors qu'elle n'avait que dix-sept ans. Il disait que jusque-là il pensait : « Seigneur, où sont ces *chelas* chez qui je peux vraiment semer les graines de cette

---

[1] Rajarsi Janakananda était un disciple éminent et bien-aimé de Paramahansa Yogananda. Il fut son premier successeur spirituel en tant que président de la Self-Realization Fellowship. Il occupa cette fonction de 1952 jusqu'à son décès en 1955.

œuvre, qui la continueront et la garderont pure comme je l'ai promis à mon Guru ? » Il disait encore que lorsque Daya Mataji vint à lui pour la première fois : « Je vis que c'était celle que Dieu avait choisie. » De son côté, Daya Mata nous raconta que Guruji lui avait dit un jour : « Si tu ne pratiques rien d'autre que le *Kriya* dans cette vie, tu atteindras le But divin. » Et, grâce à son complet dévouement au Guru et à la pratique des enseignements du *Kriya Yoga*, nous voyons de quelle manière admirable sa vie et son amour divin touchèrent des milliers de personnes partout dans le monde durant les nombreuses décennies où elle dirigea l'œuvre du Guru [1].

---

[1] Sri Daya Mata est décédée le 30 novembre 2010 après avoir occupé la fonction de présidente de la SRF/YSS pendant plus de 55 ans.

Manifester la conscience divine au quotidien

LES BÉNÉDICTIONS QUE LE KRIYA YOGA APPORTE AU MONDE

Telles sont les bénédictions qu'apporte le *Kriya Yoga*. Il transforme tous ceux qui le pratiquent fidèlement en enfants de la Mère divine : des êtres divins qui sont capables de partager avec toute l'humanité leur paix, leur compréhension et leur amour inconditionnel. Dieu ne souhaite pas que le monde continue de L'oublier, avec seulement quelques saints y apparaissant de temps à autre et faisant figure d'exception. À travers le message du *Kriya Yoga* transmis par notre Gurudeva et nos *Paramgurus*, Dieu nous dit : « Vous êtes tous des enfants divins. C'est votre privilège et devoir sacrés de suivre une science de l'âme et de réaliser à nouveau votre unité avec Moi. » En contactant Dieu dans la méditation, chacun d'entre vous

Manifester la conscience divine au quotidien

doit Le faire pénétrer dans sa propre vie, son propre être et sa propre conscience de manière à établir en *lui-même* un changement, et que l'obscurité soit bannie de sa propre conscience. Si l'électricité était coupée dans ce grand auditorium, il ne serait pas suffisant qu'une ou deux personnes allument une allumette. Mais si tout le monde allumait une petite allumette, la salle entière serait illuminée. Ainsi, lorsque la science du *Kriya Yoga* s'embrasera dans de nombreux cœurs tout autour du monde, sa lumière fera partout disparaître le découragement et l'illusion.

SUR L'AUTEUR

Sri Mrinalini Mata, l'une des disciples personnellement formés et choisis par Paramahansa Yogananda pour poursuivre les objectifs de son organisation après sa disparition, a été présidente et chef spirituel de la Self-Realization Fellowship/Yogoda Satsanga Society of India de 2011 jusqu'à son décès en 2017. Elle a consacré plus de 70 ans de sa vie à servir avec dévouement l'œuvre de Paramahansa Yogananda.

C'est en 1945, au temple de la Self-Realization Fellowship à San Diego, que la future Mrinalini Mata rencontra Paramahansa Yogananda pour la première fois. Elle était alors âgée de quatorze ans. Ce n'est que quelques mois plus tard que son désir de consacrer sa vie à la recherche et au service de Dieu se

Manifester la conscience divine au quotidien

réalisa quand, avec le consentement de ses parents, elle entra à l'ashram de Sri Yogananda à Encinitas, en Californie, en tant que religieuse de l'Ordre de la Self-Realization.

En travaillant en étroite collaboration avec elle, jour après jour, pendant les années qui suivirent (jusqu'à son décès en 1952), Paramahansaji accorda personnellement beaucoup d'attention à la formation spirituelle de la jeune religieuse. (Elle termina également sa scolarité classique dans des écoles locales.) Dès ses premières années à l'ashram, il était conscient du rôle qu'elle jouerait dans l'avenir et en parla ouvertement aux autres disciples. Il la forma personnellement à préparer ses écrits et ses discours qui seraient publiés après son départ de cette terre.

Mrinalini Mata (dont le nom fait référence à la fleur de lotus, traditionnellement considérée en Inde comme un symbole de pureté et d'épanouissement spirituel) fut pendant de

Sur l'auteur

nombreuses années rédactrice en chef des livres, leçons et périodiques de la Self-Realization Fellowship. Parmi les ouvrages de Paramahansa Yogananda qui ont été publiés grâce à ses efforts, on trouve : ses remarquables commentaires sur les quatre Évangiles (intitulés : *The Second Coming of Christ: The Resurrection of the Christ Within You*), sa traduction et ses commentaires de la Bhagavad Gita (*God Talks With Arjuna*) unanimement salués par la critique, plusieurs volumes de ses poésies et écrits d'inspiration et trois volumineuses anthologies rassemblant ses discours et essais.

AUTRES LIVRES ET ENREGISTREMENTS DE SRI MRINALINI MATA

Livres

Relation entre guru et disciple

CD audio

Living in Attunement With the Divine

Look Always to the Light

The Guru: Messenger of Truth

If you Would Know the Guru:
Remembrances of Life
With Paramahansa Yogananda

The Interior Life

The Yoga Sadhana That Brings God's Love
and Bliss

DVD

In His Presence: Remembrances of Life
With Paramahansa Yogananda

Portal to the Inner Light:
Official Release of Paramahansa Yogananda's
The Second Coming of Christ:
The Resurrection of the Christ Within You

Be messengers of God's Light and Love

The Second Coming of Christ:
Making of a Scripture –
Reminiscences by Sri Daya Mata
and Sri Mrinalini Mata

Disponibles sur le site : www.srfbooks.org

SUR PARAMAHANSA YOGANANDA

Paramahansa Yogananda (1893-1952) est communément reconnu comme l'une des plus éminentes figures spirituelles de notre époque. Né dans le Nord de l'Inde, il vint s'établir aux États-Unis en 1920 où, pendant plus de trente ans, il enseigna la science ancestrale de la méditation, originaire de l'Inde, et l'art de vivre une vie spirituelle équilibrée. Grâce à la célèbre *Autobiographie d'un yogi*, dans laquelle il relate l'histoire de sa vie, et à ses nombreux autres ouvrages, Paramahansa Yogananda fit connaître à des millions de lecteurs la sagesse intemporelle de l'Orient. De nos jours, son œuvre spirituelle et humanitaire se poursuit par l'intermédiaire de la Self-Realization Fellowship, l'organisation internationale qu'il fonda en 1920 pour répandre ses enseignements dans le monde entier.

PUBLICATIONS DE LA SELF-REALIZATION FELLOWSHIP

Disponibles sur www.srfbooks.org
ou sur d'autres sites de librairies en ligne

Livres traduits en français

Autobiographie d'un yogi

Affirmations scientifiques de guérison

Ainsi parlait Paramahansa Yogananda

À la Source de la Lumière

Comment converser avec Dieu

Dans le sanctuaire de l'âme

Journal spirituel

La loi du succès

La paix intérieure

La quête éternelle de l'homme

La science de la religion

Le Yoga de Jésus

Méditations métaphysiques

Pourquoi Dieu permet le mal et comment le surmonter

Vivre en vainqueur

Vivre sans peur

La Science sacrée

Rien que l'Amour

Relation entre guru et disciple

Vers la quiétude du cœur

Livres de Paramahansa Yogananda en anglais

Autobiography of a Yogi

God Talks With Arjuna: The Bhagavad Gita
Une nouvelle traduction de la Bhagavad Gita
et un nouveau commentaire.

The Second Coming of Christ:
The Resurrection of the Christ Within You
Un commentaire des Évangiles révélant
l'authentique enseignement de Jésus.

The Yoga of the Bhagavad Gita

The Yoga of Jesus

The Collected Talks and Essays:
Volume I: Man's Eternal Quest
Volume II: The Divine Romance
Volume III: Journey to Self-realization

Wine of the Mystic:
The Rubaiyat of Omar Khayyam –
A Spiritual Interpretation

Songs of the Soul

Whispers from Eternity

Scientific Healing Affirmations

In the Sanctuary of the Soul:
A Guide to Effective Prayer

The Science of Religion

Metaphysical Meditations

Where There Is Light:
Insight and Inspiration for Meeting Life's Challenges

Sayings of Paramahansa Yogananda

Inner Peace: How to Be Calmly Active
and Actively Calm

Living Fearlessly: Bringing Out Your Inner
Soul Strength

The Law of Success

How You Can Talk With God

Why God Permits Evil and How to Rise Above It

To Be Victorious in Life

Cosmic Chants

Enregistrements audio de Paramahansa Yogananda

Beholding the One in All

The Great Light of God

Songs of My Heart

To Make Heaven on Earth

Removing All Sorrow and Suffering

Follow the Path of Christ, Krishna, and the Masters

Awake in the Cosmic Dream

Be a Smile Millionaire

One Life Versus Reincarnation

In the Glory of the Spirit

Self-Realization: The Inner and the Outer Path

Autres publications de la Self-Realization Fellowship

The Holy Science
de Swami Sri Yukteswar

Only Love:
Living the Spiritual Life in a Changing World
de Sri Daya Mata

Finding the Joy Within You:
Personal Counsel for God-Centered Living
de Sri Daya Mata

Intuition:
Soul Guidance for Life's Decisions
de Sri Daya Mata

God Alone:
The Life and Letters of a Saint
de Sri Gyanamata

"Mejda":
The Family and the Early Life
of Paramahansa Yogananda
de Sananda Lal Ghosh

Self-Realization
(revue fondée par Paramahansa Yogananda en 1925)

DVD Vidéo

AWAKE: The Life of Yogananda
Un film de CounterPoint Films
sur la vie de Paramahansa Yogananda
(avec sous-titres en français)

Un catalogue complet des livres et des enregistrements audio et vidéo, dont de rares enregistrements d'archives de Paramahansa Yogananda, est disponible sur www.srfbooks.org.

Dossier gratuit d'introduction aux Leçons de la SRF

Les techniques scientifiques de méditation enseignées par Paramahansa Yogananda, y compris le Kriya Yoga – tout comme ses instructions sur les différents aspects d'une vie spirituelle équilibrée – sont exposées dans les *Leçons de la Self-Realization Fellowship*. Rendez-vous sur www.srflessons.org pour demander un dossier complet et gratuit d'informations sur les Leçons.

Self-Realization Fellowship
3880 San Rafael Avenue
Los Angeles, CA 90065-3219, U.S.A.
Tél : +1(323) 225-2471 • Fax : +1(323) 225-5088

www.yogananda.org

TABLE DES MATIÈRES

PREMIÈRE PARTIE

Leçons pratiques pour manifester la conscience
    divine au quotidien 3

DEUXIÈME PARTIE

Les bénédictions que le Kriya Yoga apporte dans
    la vie de tous les jours..................... 88

www.ingramcontent.com/pod-product-compliance
Lightning Source LLC
Chambersburg PA
CBHW020005050426
42450CB00005B/325